国際バカロレアの英語授業

世界標準の英語教育とその実践

赤塚祐哉 著

松柏社

はしがき

ガラパゴス的英語教育から世界標準の英語教育へ

　中学校から高等学校までの 6 年間、また中学校から大学までの 10 年間にわたり英語教育を受け続けた日本人の中で、実際に英語の雑誌や書籍、新聞等を読んで内容を十分に理解したり、英語で相手と会話・議論・交渉したりできるレベルになっていると自信をもって言える人はどのくらいいるでしょうか。アジア諸国の中でも英語教育が充実している地域では、10 年間の英語教育を受ければこうしたレベルに到達できると言われています。ところが、日本の現状に目を移すとそのようなレベルに到達しているとは到底思えません。日本人の TOEFL® といった検定試験の結果をみても、世界的な順位は下から数えた方が早いくらいです。

　ところで現在、国内の高等学校の英語授業で主流となっている授業形態はどのようなものでしょうか。例えば、「生徒に単語や文法を覚えさせ、確認テストを実施する」「教科書の英文を和訳させる」「受験対策として問題集を解かせ、答え合わせと解説を行う」。恐らく、このような知識・理解中心型の授業をイメージする方が多いかもしれません。ある大学で、学部の 1 年生に英語を教える先生が「高校生のときにどのような英語授業を受けていたか」と聞いたところ、おおむね 8 割を超える学生がそのような授業であった、と答えたそうです。ただ、こうした授業形態はもはや過去のものとなりつつあるのも事実です。最近では英語を聞いたり、読んだりといった「インプット活動」と呼ばれるものから、話したり、書いたりする「アウトプット活動」までの一連の流れを意識した授業を実践する指導者も多くなってきました。

そして授業は基本的に英語で行われます。一連の流れとして一般的なものは、例えば以下に示すようなものです。

① 教科書を開く前に写真や絵等を提示しながら、教師が生徒に英語で質問することによって内容理解をさせる。
② 教科書を開け、新しく学ぶ単語を発音させ、その後本文を音読させる。
③ 内容の理解を確かめるために英語で書かれたQ＆Aを解かせる。
④ 最後に教科書本文に出てくる言語材料（文法）を使って英語で話す・書くといった活動をさせる。

このような授業スタイルは、多くの高等学校で実践されるようになってきました。その理由は高等学校学習指導要領（平成21年3月告示）で「授業は英語で行う」ことが明記され、教科書の英文を和訳するといった偏った指導を見直すきっかけになったからです。実際に、生徒の基礎的な英語力を身につけるのに役立っています。しかし、こうした授業スタイルも世界標準の国際バカロレアの英語教育から見れば日本独自のものであり、「ガラパゴス的な英語授業」であると言えます。

ちなみに、上のような授業スタイルを、語尾に「させる」という言葉を用いて表現しました。指導者であれば誰でも身に覚えのある表現かもしれません。しかし、これから紹介する国際バカロレアの教育では「させる」という表現はほとんど使いません。

理由は国際バカロレアの教育は教師による一方通行型の授業ではなく、双方向型・探究型の授業だからです。生徒に「させる」のではなく、生徒に「促す（encourage）」のです。教師は生徒一

人ひとりの考えを引き出すファシリテーター役になることが大切だと言われています。

さて、最近では、次期学習指導要領を見据え「主体的・対話的で深い学び」、いわゆるアクティブ・ラーニングの視点を意識した英語授業を行う学校も増えてきました。例えば、英語はあくまでも何かを伝えるためのツールの一つとして捉え、英文を読んだ後に学習者同士で英語で話し合ったり、討論をしたり、個人又はグループでプレゼンテーションをしたり、といった具合です。しかし、それだけではまだ世界標準の英語授業とは言えません。

こうした「主体的・対話的で深い学び」を意識した授業に、国際バカロレアの教育手法と評価手法のエッセンスを取り入れることができれば日本の英語教育は大きく転換するでしょう。

今、高等学校段階からグローバル人材を育成するため、国際バカロレアの教育が注目されつつあります。例えば、政府の教育再生実行会議の第三次提言では、グローバル人材育成のための施策の一つとして、国際バカロレアのプログラムの活用を揚げています。とりわけ、国際バカロレア認定校等を2020年までに200校に増やす計画を進めています。

しかし、一部ではありますが、国際バカロレアの教育に対する誤解があることを筆者はこれまでに幾つか見聞してきました。英語教師の仲間や、中学生のお子さんをもつ親御さんと話をしていたときのことです。特に多かったのが、「国際バカロレアとは外国で実施されている英語教育の一種では？」、「他の教科・科目を全て英語で学ぶことで英語習得を目指すイマージョン教育のようなものですよね？」といったものでした。しかし、国際バカロレアは単なる英語教育でもなければ、イマージョン教育でもありません。国際バカロレアのプログラムでは外国語科目を除くほとん

どの科目を日本語でも学ぶことができるのです。また、外国語(英語)の授業は国際バカロレアのカリキュラムの一部にすぎません。

では、国際バカロレアとは一体何でしょうか。本書では第1章で国際バカロレアの概要を紹介するとともに、高等学校段階の国際バカロレアのプログラムである「ディプロマプログラム」についても触れ、その中身について紹介していきます。また、第2章ではディプロマプログラムの外国語科目である「Language B」の内容に触れていきます。そして第3章では Language B の授業展開例に加えて、一般の高等学校で Language B の教育手法の一部を参考にした授業を行う場合の例を示し、具体的にみていきます。最後の第4章ではよくある質問について詳しく答えていきます。

ところで、世界はこれまでにないくらい状況が大きく変化しています。様々な分野でいろいろな物事が進歩し続けています。しかし、変化し続ける世界状況の中で、日本の英語教育は世界標準から一歩も二歩も遅れをとった状態から抜け出せないでいます。一方、高等学校の新学習指導要領の考え方に国際バカロレアの教育手法を参照する動きが出てきています。例えば、文部科学省(2011a)では、「国際バカロレアのカリキュラムや指導方法、評価方法等を研究し、我が国の教育に取り入れていくことは、新学習指導要領が目指す『生きる力』の育成や新成長戦略に掲げられている重要能力・スキルの確実な習得に資するとともに、学習指導要領の見直し等の際に有効な実証的資料となる」としています。

本書では、国際バカロレアの英語教育の特徴とその手法を明らかにし、どのようにしたら効果的に国際バカロレア教育のエッセンスを参考にした授業ができるのかを提案していきます。本書が今後の英語教育改革の一助となれば幸いです。

赤塚祐哉

目　次

はしがき

ガラパゴス的英語教育から世界標準の英語教育へ —————— i

第1章　**国際バカロレアとは** ———————————— 3

1. 国際バカロレアの概要　*3*

2. ディプロマプログラムの概要　*8*

3. 国際バカロレア・ディプロマプログラムの教育手法　*15*

4. 5つのスキルの統合　*19*

第2章　**ディプロマプログラムの外国語科目**
　　　　「Language B（English）」 ———————— 20

1. 国際バカロレアの外国語教育　*20*

2. グループ2「Language B」の概要　*25*

3. Language Bの評価活動と評価手法　*42*

4. Language B（English）の教材　*46*

5. 改訂版指導の手引き（Subject guide）の概要　*50*

第3章 **Language B (English) の実際** ——————— 53

1. 国際バカロレア認定校における Language B (English) の指導

   53

2. Language B (English) の授業展開例 *63*

3. Language B (English) の教育手法を参考とした英語授業 *75*

4. Language B の教育手法を参考とした英語授業の効果 *86*

5. IB 修了生から見た Language B (English) *96*

第4章 **よくある質問 (FAQ)** ——————— 100

さいごに ——————————————— 111

参考文献 ——————————————— 117

国際バカロレアの英語授業

世界標準の英語教育とその実践

第1章

国際バカロレアとは

1. 国際バカロレアの概要

　「国際バカロレア」という言葉を聞いたことのある人は、もしかしたら多いのではないでしょうか。昨今、国際バカロレアという言葉が様々なメディアを通して目に触れるようになってきました。しかし、国際バカロレアとは一体何か、国際バカロレアの教育とは一体どういうものなのか、といった具体的なことまでは分からないという人も多いかもしれません。国際バカロレアは1968年に設置されたスイス政府認可の非営利教育団体で、本部はスイスのジュネーブにあります。そして世界中に幾つかの地域事務局を持ち、アジア太平洋地域を管轄する事務局はシンガポールにあります。英語表記で International Baccalaureate®、略してIBと呼ばれます。日本語では「国際バカロレア機構」あるいは「IB機構」と呼ばれています。そして、IB機構が提供しているプログラムは「IBプログラム（IB Programmes）」と呼ばれています。IBプログラムは世界140以上の国や地域で延べ4,846校（2017年6月1日現在）において実施され、IBプログラムが提供されている学校数も年々増加しています。

　IBプログラムを学校で実施する場合、IB機構が定めた所定の手続を踏み、IB機構による認定を受ける必要があります。こう

して認定を受けた学校を「IB認定校（IB World School）」と呼びます。日本国内には国際学校（インターナショナルスクール）や学校教育法第1条に規定されている学校（「1条校」と呼ばれます）を併せ、IB認定校は46校あります（2017年9月1日現在）。

　IBプログラムはグローバル人材の育成に役立つとされ、教育関係者だけではなく企業等の関係者にも注目されていて、国家的な教育課題として扱われています。例えば、文科省は2020年までにIB認定校等を200校に拡大する目標を掲げています。さらに、大学との接続という観点からも教育再生実行会議の第四次提言（2013年10月31日）を受け、国内の大学入試でもIB機構が提供する資格「ディプロマ」やその成績が活用されるようになってきています。これまで「海外の大学へのパスポート」と呼ばれていたIBプログラムで得られる資格や成績は、国内の大学にも拡大しつつあるのです。

　ただし、これまで、国内の高等学校におけるIB認定校のほとんどがインターナショナルスクールであり、1条校のIB認定校はわずか17校にすぎませんでした（2017年9月1日現在）。国内でIB認定校がこれまでそれほど増えなかった原因は様々です。一番の原因は全ての教科・科目（言語系科目を除く）を原則英語、フランス語又はスペイン語のいずれかで実施しなければならかったことでしょう。しかし、文科省が高等学校段階のIBプログラムである、「ディプロマプログラム（Diploma Programme: DP）」の多くの科目を日本語で履修できる「デュアルランゲージ・ディプロマプログラム」（いわゆる「日本語DP」）の導入を2013年の春に決定しました。

日本語によるディプロマプログラム（日本語DP）

　日本語DPの実施決定後は多くの地方自治体や高等学校でもIBプログラムを導入する方針を打ち出しています。そのことにより、学校の負担も大きく軽減されることが期待されています。

　例えば、日本語DP導入以前は、英語で授業ができる日本人を探したり、あるいは外国人を新たに雇用したりする負担がありました。しかし、日本語DP導入によりこうした負担は大幅に軽減されることになります。

　また、日本語を母語とする生徒にとってもよいことがあります。それは、最も思考が深められる母語でプログラムを受けられる機会が得られるようになったことです。

　一方、一部で、世界標準であるプログラムをわざわざ日本語で受けることに疑問や抵抗感をもっている人達もいます。その理由として、諸外国のIB認定校では英語によるプログラムを提供しているところが圧倒的に多いのに、日本語が教授言語であれば、得られる情報量が限定されてしまうのではないか、といった意見です。他にも、日本語と英語では論理の展開方法が異なるので、IB機構が提供する最終試験では不利になるのではないかといった不安も見られます。また、せっかくIBプログラムを通して世界でも通用する本物の英語力が身につくのに、日本語で授業を受けることにより、世界標準から置いてきぼりにされるのでは、といった意見もあります。ただし、これまで国内で実施されてきた英語によるDPも、最近新たに導入された日本語DPでも、学ぶ内容やその本質に変わりはなく、最終試験でも指導言語にかかわらず公平に評価されます。また、大学入学要件に差をつけると明言している大学はないので、好きな方を選べばよいと思います。

IB の 4 つのプログラム

　さて、IB プログラムには 3 歳から 19 歳までの児童・生徒の年齢に応じて、以下の 4 つの異なるプログラムがあります（表1-1）。

表 1-1　IB プログラム一覧

プログラム名	対象年齢	日本の該当学年・対象
Primary Years Programme （PYP） 初等教育プログラム	3 ～ 12 歳	幼稚園・保育園から小学 6 年生まで
Middle Years Programme （MYP） 中等教育プログラム	11 ～ 16 歳	小学 6 年生から高等学校 1 年生まで
Diploma Programme （DP） ディプロマプログラム	16 ～ 19 歳	大学進学を目指す高等学校 2・3 年生
Career-related Programme （CP） キャリア関連プログラム	16 ～ 19 歳	キャリア教育・職業教育に関連した高等学校 2・3 年生向け

　本書で取り上げるのは高等学校段階におけるプログラムであるディプロマプログラム（DP）です。日本の高等学校では 3 年間のうちの後半 2 年間で実施されます。

IB 学習者像（IB Learner Profile）

　IB プログラムの特徴は「多様な文化の理解と尊重の精神を通じて、よりよい、より平和な世界を築くことに貢献する探究心、知識、思いやりに富んだ若者の育成」を使命（IB mission statement）に掲げ、4 つの全 IB プログラムで具現化するように定義されています。また、IB 機構は IB mission statement を IB プログラムを実施する上で最も大切な教育理念として位置づけており、この教育理念を実現するため、学習者としてあるべき姿を「IB 学習者像（IB Learner Profile）」として示しています（表 1-2）。

生徒や教師のみならず、保護者や教育委員会・理事会等、学校に関わる全ての人が学校生活全体を通して実現していく目標としています。そして、生徒は学校生活全般で、以下の学習者像を意識していくことになります。

表1-2　10の学習者像

① Inquirers「探究する人」
② Knowledgeable「知識のある人」
③ Thinkers「考える人」
④ Communicators「コミュニケーションができる人」
⑤ Principled「信念をもつ人」
⑥ Open-minded「心を開く人」
⑦ Caring「思いやりのある人」
⑧ Risk-takers「挑戦する人」
⑨ Balanced「バランスのとれた人」
⑩ Reflective「振り返りができる人」

※ 10の学習者像の詳細は文部科学省ホームページ「IBの学習者像」http://www.mext.go.jp/a_menu/kokusai/ib/__icsFiles/afieldfile/2015/02/09/1353422_01.pdfで閲覧可能です。

　これらの学習者像から、IBプログラムは一面的な知識・技能に偏らせることなく、全面的、調和的に人間性を発展させることを目的としていることが分かります。筆者がこれまで訪問した国内外の複数のIB認定校では、例外なく10の学習者像が教室や廊下に掲示され、生徒や教師がいつでもどこでもこれらを意識することができるようになっていました。

「学び方を学ぶ」教育
　IB機構は、教育の目標は知識の獲得ではなく、多様な考え方で発揮できる知力を育成することである、と言っています。こう

した考えから IB プログラムでは、全ての教科・科目をとおして、批判的（クリティカル）で創造的（クリエイティブ）な力、及び「学び方を学ぶ」教育を目的としていることも特徴です。知識をどのように覚えるのかではなく、知識をどのように活用するか、といったことを IB プログラムでは徹底的に学んでいくことを目指しています。

昨今、グローバル化という言葉が多く使われていますが、グローバル化に対応するためには、生徒が創造的に考え、主体的に学習する力を身につけられるような教育が重要です。この IB 機構が主張する知力の育成という考え方と、文科省が目指す人材育成の考え方には共通する部分があるようです。

例えば、文部科学省（2014a）は、「今なお多くの学校において、学力についての認識が『何かを知っていること』にとどまりがちであり、知っていることを活用して『何かをできるようになること』にまで発展していない」と指摘しています。これは学校教育全体を指摘しているものですが、現在の高等学校の英語教育の現状に大いに当てはまります。

2. ディプロマプログラムの概要

ディプロマプログラムの「コア」

IB 機構が提供する 4 つのプログラムのうち、その 1 つがディプロマプログラム（Diploma Programme: DP）です。DP は 16 〜 19 歳までの生徒を対象とした 2 年間のプログラムで、日本の学校教育法第 1 条に定める学校（1 条校）で実施する場合、高等学校の 2 年生及び 3 年生で実施することがほとんどです。そして DP では、IB 機構による全世界共通の最終試験がプログラム

の2年目の5月又は11月に実施されます。5月に試験を実施するのか、あるいは11月に試験を実施するのかは各学校の裁量となります。日本の1条校では4月始まりの学校の場合、3年生の11月に最終試験を実施することになります。最終試験を受け、所定の成績を収めることにより「ディプロマ」と呼ばれる資格が取得できます。

　DPは、生徒が思いやりをもち、分析的に考えることができ、生涯を通して学習に励み、責任感のある良き社会の一員となるよう構成されています。生徒がこれまでに得た知識や経験を生かしながら学習を深め、教師と生徒、生徒同士が双方向で議論を深めたり、討論を実施したりしながら課題解決に向けた探究型の授業を特徴としています。

　DPでは、生徒は3つの「コア」と呼ばれる授業と6つの「グループ」と呼ばれる教科を学習します。

「コア」となる授業

① 課題論文（Extended Essay: EE）

　課題論文では、それぞれのグループに設置されている科目に関連した研究課題を設定し、自ら調査・研究を行い、論文としてまとめます。論文は英語で4,000語（日本語の場合は8,000字）で行い、大学入学後に求められるリサーチ技術やライティング能力を身につけることを目的としています。2年間にわたって学習し、最低40時間以上の取りくみが求められます。論文の完成に向けて、それ以上の時間をかけている生徒が多いようです。

② 知の理論（Theory of Knowledge: TOK）

　教科横断的な観点から、物事を論理的かつ客観的に捉える、批

判的思考（クリティカル・シンキング）を養うことを目的とし、知識の本質を探究します。さらに、言語や文化及び伝統といった多様性を理解したり尊重したりすることを通して、国際理解を深めることができるようにします。2年間にわたって、100時間以上の学習を行います。

③ 創造性・活動・奉仕（Creativity, Activity, Service: CAS）

　近年まで、CAS の A は「Action」でしたが、最近の改訂で A は「Activity」に変更になりました。CAS は教室外における学習を通して、協調性や思いやり、行動することの大切さを学びます。その中で次の8つの学習成果を達成することが求められます。

- ・　自己を認識すること
- ・　新しい挑戦に取り組むこと
- ・　計画を立て、活動を立ち上げること
- ・　他者と協調すること
- ・　献身すること
- ・　グローバルな観点から課題に取り組むこと
- ・　倫理感をもつこと
- ・　新しい技能を発達させること

DP の6つの「グループ」と設置科目

　DP では2年間を通して、以下の6つの「グループ」と呼ばれる教科群からそれぞれ1科目選択し、3～4科目を上級レベル（Higher Level: HL）、その他の科目を標準レベル（Standard Level: SL）で学習します（表1-3）。HL と SL の配当時間はそれぞれ240時間、150時間となっています。

　ただし、グループ6では他のグループに設置している科目から

表 1-3 DP のグループと科目

グループ名	科目名
1 言語と文学 （母国語）	言語 A：文学、言語 A：言語と文化、文学と演劇（※）
2 言語習得 （外国語）	言語 B、初級語学
3 個人と社会	ビジネス、経済、地理、グローバル政治、歴史、心理学、環境システム社会（※）、情報テクノロジーとグローバル社会、哲学、社会・文化人類学、世界の宗教
4 理科	生物、化学、物理、デザインテクノロジー、環境システム社会、コンピュータ科学、スポーツ・運動・健康科学
5 数学	数学スタディーズ、数学 SL、数学 HL、数学 FHL
6 芸術	音楽、美術、ダンス、フィルム、文学と演劇（※）

（※）なお、「文学と演劇」はグループ 1 と 6 の横断科目。「環境システム社会」はグループ 3 と 4 の横断科目。また、「世界の宗教」及び「スポーツ・運動・健康科学」は SL のみ。
（出典　文部科学省（2011d）より引用）

1 科目を選択することができます。例えば、グループ 3 に設置してある科目「経済」を選択したり、グループ 4 に設置してある科目「化学」を選択したり、といった具合です。大学の学部によっては、入学資格要件として、「DP の理科科目を 2 つ履修していること」となっている場合があります。そのような場合にはグループ 6 で設置している芸術科目を選択せず、グループ 4 の科目を 2 科目履修することになります。

　また、グループ 2 の科目を履修せず、グループ 1 の科目を 2 科目履修することもできます。

DP の試験の内容と評価

　DP の大きな特徴は、生徒は 2 年間のプログラムのゴールとして、IB 機構が実施する世界共通の試験（DP examination）を受けることが必要要件となっていることです。

DP の試験（DP examination）には大きく分けて 2 種類あります。1 つめが IB 機構が定めた規準に沿って実施する内部評価（Internal Assessment: IA）と呼ばれるものです。そして 2 つめが IB 機構が作成・提供する外部評価（External Assessment: EA）です。

1 つめの内部評価（IA）では校内の各教科・科目の教員が生徒の取りくみを IB 機構によって定められた基準等により評価します。例えば、外国語科目である言語 B（Language B）では、individual oral と呼ばれる口頭による写真描写を行ったり、自分の意見・考えを口述したりします。そしてそれらは IB 機構が定めた評価規準に従い成績が付けられます。IA の評価は学校から IB 機構のテストセンターに送られ、最終的に試験官によって成績が最適化（moderation）されます。

2 つめの外部評価（EA）では筆記試験が課され（グループ 6 を除く）、IB 機構から任命された試験官が採点を行います。この試験官は、通常はある程度の年数の指導経験がある IB 認定校の教員です。試験は、2 年間の DP の授業で学習した事項を総合的に問われる内容となっています（各科目の試験内容に関する詳細は、IB 機構の出版物を取り扱う Follett IB Store（http://www.follettibstore.com/）から過去問題を入手できます）。

内部評価（IA）	外部評価（EA）
各 IB 認定校の教員が評価 ↓ IB 機構の試験官が成績を最適化 （moderation） <u>評価の比重：20-30%</u> （※但しグループ 6 の芸術は 50%）	IB 機構から任命された認定校の試験官が評価 <u>評価の比重：70-80%</u>

図 1-1　IA と EA

なお、IAとEAの評価の比重は教科ごとに異なりますが、IAで20～30％程度（芸術は50％程度）、EAで70～80％程度の比率となっています（図1-1）。

また、各グループの科目は7段階（7点満点）で評価が付けられます。ただし、課題論文(Extended Essay: EE)と知の理論(Theory of Knowledge: TOK)の両方の成績が3点まで加算され、合計45点が満点となります。なお、ディプロマの取得要件は24点以上と定められています（図1-2）。

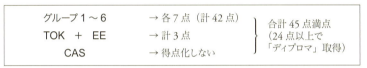

図1-2 DPの得点

内部評価（IA）と外部評価（EA）で共通していることですが、IBプログラムでは、あらかじめ用意された評価の観点と尺度である「ルーブリック」で示された内容を、事前に生徒、必要に応じて保護者にも示して授業を進めていきます。ルーブリックによって、教師は生徒に身につけさせたい能力を明確にできます。また、生徒自身も何を目標に努力したらよいのかが明確になります。そして、全ての関係者が学びの内容について共有できるメリットがあります。

以下に、例としてDPのコアとなる授業の1つ、知の理論(TOK)の試験(DP examination)である、「エッセイ(Essay)」におけるルーブリックの一部を紹介します（表1-4）。

14

表1-4　TOKの試験「Essay」におけるルーブリックの一部

達成度	観点
0	・レベル1に達していない。
1-2	・エッセイ全体にまとまりがなく、構成も不十分である。
	・筆者の意図が分かりにくい。
	・エッセイの論点をサポートするために事実に基づいた情報が使われているが、非常に不明確である。
	・資料や情報はしっかりと認識されておらず、適切な参考文献等に当たっていない。
3-4	・エッセイ全体にまとまりがなく、構成も不十分である。
	・筆者の意図が伝わりにくい部分がある。
	・使用されている用語について、説明の努力は見受けられるが、意味が不明確である。
	・エッセイの論点をサポートするために、事実に基づいた情報が使われているが、常に信頼のおける内容ではない。
	・資料や情報の一部は適切な方法で使用されているものの、情報が不完全、もしくは正確さに欠けている。
5-6	・エッセイ全体のまとまりはよく、構成も適切である。
	・エッセイのコンセプトが適切な形で表されている。
	・必要に応じて、エッセイのコンセプトについて適切な説明がなされている。
	・エッセイの論点をサポートするために使用されている情報は、ほぼ正確である。
	・資料や情報が適切に使用されているものの、正確さに多少欠ける部分がある。
	・制限単語数が守られている。
7-8	・エッセイ全体がよくまとまっており、全体的にしっかりとした構成である。
	・エッセイのコンセプトがよく考えられている。
	・エッセイのコンセプトについての説明が適切な場所で行われている。
	・エッセイの論点をサポートするために使用されている情報は正確である。
	・資料や情報が適切に使用され、正確に使用されている。
	・制限単語数が守られている。
9-10	・エッセイ全体が非常によくまとまっており、全体的に効果の高い構成である。
	・エッセイのコンセプトがよく考えられている。
	・エッセイのコンセプトについての説明が適切な場所で行われている。
	・エッセイの論点をサポートするために使用されている情報は正確である。
	・資料や情報が適切に使用され、正確に使用されている。
	・制限単語数が守られている。

（出典　国際バカロレア・ディプロマプログラムにおける「TOK」に関する調査研究協力者会議（2012）pp.27-28より筆者が抽出し作成）

3. 国際バカロレア・ディプロマプログラムの教育手法

ここでは、IB プログラムの教育手法である「学習の方法（Approaches to learning: ATL）」を紹介します。ATL は IB 機構が提供する4つの全プログラム、そして全教科・科目で身につけるべきスキル、指導すべき内容とされており、以下の5つのスキルがあります。

① Thinking skills（思考スキル）

② Communication skills（コミュニケーションスキル）

③ Social skills（社会性スキル）

④ Self-management skills（自己管理スキル）、

⑤ Research skills（リサーチスキル）

DP では生徒達はこれらのスキルを各科目の中で学びながら学習に取り組むことになります。

なお、それぞれのスキルの詳細は、国際バカロレア機構のホームページ（https://ibpublishing.ibo.org/dpatln/apps/dpatl/index.html? doc=d_0_dpatl_gui_1502_1_j&part=1&chapter=1）にて、日本語で閲覧可能です。

本節では筆者が IB 認定校を訪問した際に感じたこと、分かったことを中心に紹介したいと思います。

① Thinking skills（思考スキル）

筆者が訪問したオーストラリアのクイーンズランド州にある IB 認定校では、DP の外国語科目である「Language B（English）」の授業で、教師は世界的に有名なオートバイメーカーの企業の社会的責任（corporate social responsibility: CSR）について取り上げていました。教師は前の時間で、このオートバイメーカーが企業の CSR の一

環として、植林を進めていることを紹介していました。そして「CSR は
なぜ重要なのか。それは企業にとってどのような意味があるのか」といっ
たテーマで生徒は 2 〜 3 分程度の簡単なプレゼンテーションを行って
いました。生徒は、オートバイメーカーが製造時に排出する二酸化炭
素量と植林によって植えられた木々が吸収する二酸化炭素量の割合に
ついて、比較する資料を提示しながら、植林によって吸収される二酸
化炭素量のほうがそのメーカーが製造時に排出する二酸化炭素の総
量よりも多い可能性があることを指摘していました。そして、それなら
このメーカーのオートバイを購入することは倫理的に問題ない、といっ
た考えを展開していました。

　授業見学を通して、Thinking skills（思考スキル）では、生徒
の批評的思考（クリティカル・シンキング）や分析力、推論力の
育成を重視していると感じました。また、倫理観に基づいて意思
決定を行う重要性を指導することや、生徒が既にもっている知識・
経験と新しく学ぼうとする内容を関連づけながら指導する様子も
見られました。そして、個人やペア、グループ等で課題を解決す
ることを促している様子が見られました。

②　Communication skills（コミュニケーションスキル）

　先ほどのクイーンズランドの IB 認定校の Language B（English）
の授業では、英語でのプレゼンテーションが終わった後、生徒同
士で互いの発表内容について批評し合う活動を行っていました。
各自のプレゼンテーションで用いた資料やデータの妥当性や、発
表者が提案した内容は論理的で説得力があるかどうかをコメント
していました。授業の雰囲気はお互いの発言を尊重しながら行わ
れており、温かい雰囲気の中で活発かつ建設的な意見交換を行っ
ていたのが印象的でした。

ただし、こうした生徒の学習態度を育てるために、「否定的と思われる意見があったとしても、それはあなた自身の人格を否定しているのではなく、あなたの意見や考えに対して疑問を呈しているのである」、ということを日々の教育活動の中で繰り返し指導し、実践していくことが大切であると言えます。

　教師と生徒、あるいは生徒同士の間で答えが1つとは限らない討論を行う大前提として、「自分ならできるかもしれない（自己効力感）」に加え、「自分は大切な存在である（自己有用感）」の高まりを実感できるような指導が大切だと感じました。

③　Social skills（社会性スキル）

　筆者が中国・上海のインターナショナルスクール（IB認定校）で見学したLanguage B（English）の授業では、「歴史上の人物が行った英語スピーチは、なぜ民衆の心を掴んだのか」というテーマで生徒がグループでプレゼンテーションを行っていました。あるグループでは、キング牧師のスピーチを取り上げ、当時のアメリカ合衆国における公民権運動の概要を紹介した後、当時の民衆の人種差別に対する価値観を比較・対照し、キング牧師がスピーチの中で用いた語彙や表現のうち、どの部分が人々を引き付けるか等を分析していました。グループのメンバーで協力しながら1つの結論にもっていこうとしている学習姿勢は、とても生き生きとしていました。

　授業見学を通して、Social skills（社会性スキル）で最も重要なことはクラスの仲間と何かを協力して行う協働学習であると感じました。生徒が物事を分析したり、それを評価したり、そこから新たな考えを自分なりに創造したりといった、いわゆる高次の思考スキル（Higher Order Thinking Skills: HOTS）が求められて

いることも分かりました。

④ Self-management skills（自己管理スキル）

前述の中国・上海の IB 認定校では英語によるグループプレゼンテーションの実施に当たり、準備段階で生徒は「いつ」、「どのようなことを」、「誰が」、「何を」行うのかをプランニングノートに記載していました。

Self-management skills（自己管理スキル）では、生徒のタイムマネジメント力に加え、内面から沸き起こった興味や関心・意欲を高めることが重要な要素だと感じました。また、教師は生徒の興味・関心、学習レベルに応じた適切な題材を提供できるよう、日頃から彼らの学習状況を把握することが大切なのだと感じました。

⑤ Research skills（リサーチスキル）

筆者が訪れた多くの IB 認定校では、授業での探究学習を進めるに当たり、図書室の司書又は司書教諭と連携しながら、課題の探究に必要な資料の収集方法等についてガイドラインを作成し、年度の始まり等にガイダンスを実施していました。更に資料の収集方法や引用方法について生徒用のガイドブックを作成している IB 認定校も多くありました。

Research skills（リサーチスキル）は、探究型学習を特徴とする IB プログラムの中で特に重要な能力であるのではないでしょうか。課題解決に必要な複数の資料を集め、それらを取捨選択した上で分析・比較・対照する等、資料を適切に利用できるように指導することが大切だと感じました。とりわけ、剽窃の予防を図ること等、資料の収集方法について意図的・計画的な指導と助言が必要であると感じました。

4. 5つのスキルの統合

筆者が授業見学を行った国内の複数のIB認定校では、ATLの5つのスキルを相互に関連性をもたせながら指導を行う様子が見られました。

Language B（English）の授業で「言語習得と個人のアイデンティティの間にはどのような関連性があるのか」というテーマで授業を進めるとしたら、以下のような指導が考えられるのではないでしょうか。

1) 図書館等で第二言語習得に関する文献や、人種的マイノリティの人たちが言語を学ぶ上で感じる課題等を調べる（Research skills：リサーチスキル）

2) 論述課題を与え、その際、個人の経験等に基づき、論を展開するよう指示する（Thinking skills：思考スキル）

3) 300語程度で論述する（Communication skills：コミュニケーションスキル）

ATLのスキル		活動内容
リサーチスキル ↓	→	第二言語習得に関する文献を読み、人種的マイノリティの人たちが言語を学ぶ上で、困難と感じる課題等を調べる
思考スキル ↓	→	文献等を活用し、自分の経験を交えながら、人種的マイノリティの人たちにとって理想的な言語の学習環境はどのようなものかを考える。
コミュニケーションスキル	→	300語程度で意見を論述する。

※本節「3. 国際バカロレア・ディプロマプログラムの教育手法」は赤塚祐哉（2017a）の内容に加筆・修正を加えたものです。

第 2 章

ディプロマプログラムの外国語科目 「Language B（English）」

1. 国際バカロレアの外国語教育

　「外国語教育をどのように行うか」——これは全ての IB 認定校で問われる課題です。なぜなら、IB 認定校で学ぶ多くの生徒たちは自分の母語とは異なる言葉で、つまり外国語で（IB 機構では「付加言語（additional language(s)）」と呼んでいる）IB プログラムを学んでいるからです。IB 認定校の多くは英語で授業を行っています。日本国内で日本語 DP を実施している IB 認定校の生徒たちでも、外国語科目であるグループ 2 の Language B 以外の最低 1 科目は IB 機構が指定する授業言語（英語、フランス語、スペイン語のいずれか）で学んでいます。ところでなぜ IB プログラムは外国語で学ぶことを特徴としているのでしょうか。

　IB 機構は、もともとは国連等の国際機関で働く職員の子弟を主な対象とした国際学校（インターナショナルスクール）として 1968 年に設立された団体でした。国際学校は様々な文化的・言語的背景をもつ児童・生徒が集まるところですので、多様な国や地域の児童・生徒たちの帰国後の入学準備に備えることが当時は非常に大きな課題となっていたようです（福田 2015）。しかし、一人ひとりの入学準備を行うためにそれぞれの国や地域のシステムに合わせた授業や、その国や地域の言葉を使った授業を行うこ

第2章　ディプロマプログラムの外国語科目「Language B（English）」　21

とは現実的ではありませんでした。同時に、異文化理解を促進するという観点からみても、国際学校の理念と相反します。そこで、共通の大学入学資格である「ディプロマ」の創設と世界共通の授業言語（IB機構設立当時は英語、フランス語の2つで後にスペイン語が加わった）による教育プログラムの開発の必要性が叫ばれました（福田 2015）。その結果、それらを提供する組織としてIB機構が1968年に誕生したのです。そして、多様な言語・文化的背景をもつ生徒が、必ずしも自分の母語とは限らない授業言語でIBプログラムでの学習を行う状況ができあがりました。

　現在、IBプログラムは国際学校のみならず、世界で140以上の国や地域、延べ4,846校において実施されています（2017年6月1日現在）。そして現在のIB認定校では、多様な言語を母語とする児童・生徒たちが、IBプログラムの授業言語である英語、フランス語、スペイン語（日本語を含む3言語以外の特定の言語で実施することも可）のいずれかで学んでいます。このような背景から、IB機構は外国語教育をIBプログラムでの学習を支える重要な要素であるとしているのです。

　なお、IBプログラムで指導する全ての教員は、教科・科目を問わず外国語の教師としての視点をもつべきである、とIB機構は主張しています。外国語の教師としての視点とは、例えば外国語であっても分かりやすい言葉で伝えたり、生徒の外国語の習熟状況を考慮に入れながら授業を進行したり、言語と個人のアイデンティは強固に結びついていることを理解したり、といった視点です。

日本の英語教育政策とIBプログラムにおける外国語教育の考え方

　近年日本ではグローバル人材の育成が国家的な教育課題として

扱われ、グローバルな場面で活躍できる人材の英語力育成が大きな課題であるとしています。特にグローバル人材育成の視点から、文科省は IB プログラムに注目し、これまでに「国際バカロレアの趣旨を踏まえた教育の推進に関する調査研究（平成 24 年度）」を通して IB プログラムの指導内容、評価内容やその方法についての分析を行ってきました。また、グローバルな場面で活躍できる生徒の英語力育成についても、「今後の英語教育の改善・充実方策について　報告〜グローバル化に対応した英語教育改革の五つの提言〜」（平成 26 年 9 月）等で議論される等、グローバル人材の育成と英語力の育成は、いわばパッケージとして議論されることが多いのが日本の教育行政の特徴と言えます。

　ところが、グローバルな場面で使える英語力育成に役立つとされる IB プログラムの外国語科目「Language B（English）」の教育効果については、一般にはまだ知られていません。文科省はグローバル人材育成に向けて IB プログラムの活用を掲げていると同時に、グローバル人材育成のための英語教育改革プランとして、「言語活動の高度化（発表、討論、交渉等）」を掲げています。そして、生涯にわたって自分から進んで英語を学び、実際のコミュニケーションで使おうとする人材を育てたいと意気込んでいます。ところが、「国際バカロレアを中心としたグローバル人材育成を考える有識者会議」（2017 年）でも、IB プログラムの教育効果の検証は途上であると指摘しているように、Language B（English）に関する国内での調査・研究は少ないのが現状です（赤塚 2017b, 河野 2016 等）。

　Language B（English）では口頭での発表や議論、様々なトピックでのライティング活動を通して、自分の意見や考えを論理的に相手に伝えるような内容が組まれています。正に文科省が目指そ

うとする英語教育改革プランである「言語活動の高度化」と考え方に共通する部分があるのです。そして、Language B（English）では生涯学習者（life-long learner）を育てることがうたわれています。これも文科省が目指す「生涯にわたって自ら英語を学習する人材」と共通します。

　そこで、本章の第2節以降では、日本の英語教育の道しるべともいえる高等学校学習指導要領「外国語」に基づいた英語教育とDPのLanguage B（English）を比較し、その違いを見ていきます。比較に際しては、日本の検定教科書とLanguage B（English）の授業で使用される教材を用いました。

IB 機構の外国語教育に対する立場

　DPのカリキュラムを概説すると、まずDPにはコアと呼ばれる3つの必修要件「知の理論（Theory of knowledge: TOK）」、「課題論文（Extended Essay: EE）」、「創造、活動、奉仕（Creativity, Activity, service: CAS）」があります。加えて、6つのグループ（教科群）で構成されています。その中で、外国語を学ぶことを目的とする教科は、「グループ2　言語習得（外国語）」です。生徒はそこに設置されている複数の外国語科目から1科目を選択し、標準レベル（standard level : 150時間以上の学習時間）、又は上級レベル（higher level : 240時間以上の学習時間）のどちらかを選択します。外国語（英語）の授業時間は、IB認定校ではない一般の国内の普通科の高等学校より少し多いか、あるいは同程度くらいです。

　なお、Language B（English）は、Crystal（2003）らが主張するグローバル言語としての英語（English as a global language）や、House（1999）らが主張する共通語としての英語（English as a lingua franca）という考えには基づいていないのが特徴です。複数の言語が社会の中で共存すべきだとする多言語主義（multilingualism）、あるいは言語の多様性を認め個人が母語以外の他言語（外国語）を学ぶことが望ましいとする、欧州評議会（言語政策部門）が提唱する複言語主義（plurilingualism）に基づいているのが IB 機構の基本的立場です。複言語主義という言葉は欧州評議会で作成された造語ですので、あまり馴染みがないという人も多いかもしれません。欧州では人々は自由に国や地域を越えて移動し、勉学や仕事をします。そうなると、いろいろな国や地域の人たちと文化的な交流が生まれ、様々な習慣や慣習にも出会います。それゆえ、母語以外の外国語を学び、言語学習を通してお互いの文化も理解することが大事です。また、言語は個人のアイデンティの基礎ですので、たとえマイナーな言語であっても、それらを尊重することも大切です。

IB プログラムの話に戻しますと、グループ 2 の「Language B」として設置されている科目は、英語以外にも複数の外国語科目が設置されています。外国語科目としての「英語」はあくまでも多数設置されている外国語科目の 1 つという位置づけです。IB 機構は、多くの言語学者や政治家等が英語を「グローバルな共通言語」であるという主張をしていることは認めつつも、それについて賛成も反対もしていません。英語はアングロサクソン文化の一部で使用される言語の 1 つである、という考え方です。Language B（English）で使用される教材をみても、'English-speaking countries' や 'Anglophone cultures' といった言葉が度々登場します。文科省がグローバル人材育成に当たり、国家的な施策として国際共通語としての英語の重要性を全面的に押し出している点と捉え方が全く異なっていることが分かります。

なお、グループ2の「Language B」に設置されている科目は、どれも指導内容や取り扱うテーマは統一されています。つまり、英語であってもフランス語であっても同じ外国語という扱いになります。

2. グループ 2「Language B」の概要

ここでは本書を執筆した 2017 年 12 月現在の情報を基に Language B の概要を紹介していきます。

グループ 2「Language B」では、3 つの「コア」と呼ばれるトピック全てと、5 つの「オプション」と呼ばれるトピックのうち 2 つを教師が選択し、合計 5 つのトピックを 2 年間かけて学びます。

表 2-1　Language B のコアとオプション

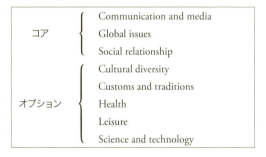

なお、上級レベル（Higher Level: HL）では「コア」と「オプション」で取り扱うトピックに文学作品が 2 つ加わります。上に示したそれぞれのトピックで取り扱う具体的な内容（サブトピック）の設定は教師の裁量となっています。例えば「オプション」のトピックの 1 つである Cultural diversity を例にあげると、サブトピッ

クとして、

- ・Migration
- ・Language and cultural identity
- ・Subculture

といった題材を扱うことができます。

なお、DP には日本の検定教科書にあたるものはありません。IB 機構が発行する手引き（Subject guide）に準拠した、民間の出版社刊行の教材を使用するか、あるいは独自で教材を作成することになります。

グループ 2「Language B」の教育手法

グループ 2「Language B」の教育手法の主な特徴として、以下のようなものがみられます。

特徴①　教材用に加工されていないそのままの素材（オーセンティックな素材）を用いる

例えば、ブログ、新聞記事、雑誌、パンフレット及びインタビューといった、教材用に加工されていない素材を授業で活用します。

特徴②　分析・評価・創造する学習活動を重視する

記憶・理解・応用といった低次の思考力（Lower Order Thinking Skills: LOTS）と同様、分析・批評・創造といった高次の思考力※（Higher Order Thinking Skills: HOTS）を育成します。具体的には個別又はグループによるプレゼンテーションや討論・議論、多様なライティング活動等を評価活動として取り入れます。

第2章 ディプロマプログラムの外国語科目「Language B（English）」 27

表 2-2 思考の分類表

レベル	分類	内容
1	Remember（記憶する）	記憶から情報や知識をおもいおこす。
2	Understand（理解する）	伝えられたことを理解したり、意味を構築する。
3	Apply（応用する）	情報や概念を特定の具体的な状況で使う。
4	Analyse（分析する）	情報や概念をそれぞれに分解し、相互の関係を明らかにする。
5	Evaluate（評価する）	物事について目的に照らして批評したり判断したりする。
6	Create（創造する）	様々な概念を組み合わせて新たなものを形作る。

（出典 Anderson and krathwohl（2001）より筆者が抽出し作成）

特徴③ 聞く、読む、話す、書くことに加えて相手とのやりとりを行う

　聞く・読むといった受動型のスキル（receptive skills）や、話す・書くといった発信型のスキル（productive skills）に加え、双方向型スキル（interactive skill）の3つをバランスよく身につくように授業を構成することを重視しています。

特徴④ 文法は単体では教えない

　文法を単体で教えることはせず、常にコンテクストの中で扱うこととしています。つまり、内容と文法を切り離すことなく指導

※ Bloom（1956）が提唱し、後に Anderson and Krathwohl（2001）が改変した思考の分類と呼ばれるものがあります。そのうち以下のレベル1から3までを低次の思考力（Lower Order Thinking Skills: LOTS）と呼び、レベル4からレベル6までを高次の思考力（Higher Order Thinking Skills: HOTS）と呼びます。

することを重視しています。

　では、①〜④に挙げた Language B の教育手法の特徴は、学習指導要領に基づいた従来の日本の英語教育と何が異なるのでしょうか。

相違点①　学習指導要領ではオーセンティックな素材を使用することを前提としていないが、Language B では必ず使用する

　Language B では、教材用に加工されていないそのままの素材を用いることを原則としています。素材としてブログ記事や新聞記事、電子メールやパンフレット等、様々なものが使用されます。一方、学習指導要領に基づいた英語授業では、原則として文科省による検定済みの教科書「検定教科書」を使用することを前提としています。しかし、検定教科書にはオーセンティックな素材があまり多くは使用されていません。ほとんどが、教科書の編集者によって高校生のレベルにふさわしい英文に大幅に加工されています。そしてそれらの英文のほとんどは論説文や物語です。

相違点②　学習指導要領では高次の思考力（HOTS）の育成について明記していないが、Language B では明記している

　Language B の場合、分析・批評・創造といった高次の思考力（HOTS）を育成し、それを教師が評価することが大切だとしています。一方で、学習指導要領ではプレゼンテーションやディスカッションといった学習活動を行うよう記載されているものの、高次の思考力（HOTS）の育成そのものまでには踏み込んでいません。加えて、それらの学習活動を評価することについて学習指導要領では触れられていません。

相違点③　学習指導要領では相手とやりとりする力の育成について
触れていないが、Language B ではそれを重視している

　Language B では「双方向型スキル（interactive skills）」を育成
することを重視していて、DP の試験（DP examination）でも生
徒のそうした能力を測る口頭試問が実施されます。一方で、学習
指導要領では双方向型スキルに関する記載はありません。ただし、
2022 年から新たに実施される高等学校新学習指導要領では双方
向型スキルについて「話すこと（やりとり）」という項目が加わっ
ています。

相違点④　学習指導要領では指導すべき文法事項が決まっているが、
Language B ではそれが決まっていない

　Language B ではカバーすべき文法事項について定められてい
ません。ただし、様々な素材を読み、それらの素材に登場する
文法について形式（forms）、構造（structure）、機能（functions）
について理解を深め、実際に活用できるように教材が工夫されて
います。一方、学習指導要領ではカバーすべき文法事項が明確に
定められています。例えば検定教科書では、大抵はレッスン毎に
言語材料（文法事項）が紹介されていて、その言語材料について
正しい英文となるように並びかえを行ったり、穴埋めを行ったり
するようなコーナーが設けられていることがあります。

　上に示した相違点①～④以外にも Language B と学習指導要領
に基づいた英語授業について様々な相違点がありますので、以下
の表にまとめました（表 2-3）。

　学習指導要領「外国語」では言語の使用場面を意識するとして

表 2-3　学習指導要領に基づく英語授業と Language B の教育手法の比較

	項目	学習指導要領「外国語」	Language B
1	全般的な特徴	言語の使用場面（依頼する、意見を伝える等）を意識して英語を使うことを意識している。	言語の使用場面の他、新聞記事やブログ、手紙やパンフレット等、ふだんの生活で目にする様々な文体に触れ、聞き手や読み手、目的等を意識している。
2	取り扱う題材	日常生活、風俗習慣、物語、地理、歴史、伝統文化や自然科学といった分野を扱うよう記載されている。	3つのコアトピック（communication and media, global issues, social relationship）と2つのオプション（cultural diversity, customs and traditions, health, leisure, science and technology の中から2つを選択）の計5つのトピックを取り扱う。
3	評価	記載なし	どのような評価活動を、どのような評価基準で行うのかが具体的である。
4	4技能（聞く、話す、読む、書く）の扱い	4技能を取り扱うこととしている。	4技能に加え、双方向型スキル（interactive skills）も重視している。
5	異文化理解の取り扱い	日本の生活や文化についての理解を深めることも大切としている。	学習者の居住地域の文化に触れつつ、言語が使用されている国や地域の文化（target culture）の理解を重視している。
6	文学作品の取り扱い	記載なし	上級レベル（Higher Level: HL）では文学作品2つを扱う。ただし、標準レベル（Standard Level: SL）では文学作品は扱わない。
7	他教科・科目とのつながり	記載なし	教科横断的な学習をする。とりわけ、コア「知の理論」(TOK)のエッセンスを取り入れながら指導する。

（出典　文部科学省（2011b）及び International Baccalaureate（2011）を参照し筆者が作成）

います（ただし、検定教科書の多くは論説文が中心で、使用場面を意識していない場合もあります）。一方、Language B ではふだん目にする様々な文体（新聞記事やブログ、手紙、パンフレット等）に触れ、実際にその文体を用いて自分でライティングを行ったりする等、場面や目的を意識するとしています。また、取り扱

第2章　ディプロマプログラムの外国語科目「Language B（English）」　31

う題材も異なります。

　そして、評価の取り扱い方についても相違点が見られます。Language B ではどのような評価活動をどのような観点で実施したらよいのか、評価項目や得点を具体的に説明しています。一方で学習指導要領「外国語」には評価に関する記述はありません。ただし、その代わりに国立教育政策研究所が「評価規準の作成，評価方法の工夫改善のための参考資料」というタイトルで文書を作成していて、評価方法を例示しています。しかし、あくまでも「参考資料」ですので、評価の具体的な内容については現場の教員による裁量に任せられています。

　そして異文化理解の取り扱いについても相違点が見られます。Language B では異文化に対する理解を重視するための手段として、英語なら英語、フランス語ならフランス語が使用されている国や地域の文化の理解を深めることを重視します。また、上級レベル（Higher Level: HL）では文学作品を取り扱うことで、その国や地域の価値観や文化理解を深めることを重視しています。一方、学習指導要領「外国語」には文学作品の取り扱いについての記載はありません。

　更に他教科・科目とのつながりについてみますと、Language B では他教科の知識の活用を要する教科横断的な学習をするよう記載されています。なお、コア「知の理論」（TOK）は批判的思考力や論理的思考力を高める教科横断的な授業ですが、Language B ではこの TOK の授業で身につけた内容を応用することが求められています。

日本の検定教科書と Language B（English）の教材比較

　検定教科書を発行している 2 社の英語教科書と、Language B

（English）の指導の手引き（Subject guide）を参照して作成された2社の英語教材を比較し、違いを明らかにしてみました（表2-4）。なお、比較した検定教科書は学習指導要領上の科目「コミュニケーション英語II」と「英語表現II」で使用されている教科書です。

検定教科書とLanguage B（English）の教材を比べると、Language Bの教材はトピックベースでレッスンが配列されており、様々な文体の英文が数多く掲載されています。そして、その英文の文体に沿って実際にライティングを行えるような工夫がされています。一方で検定教科書は、レッスンごとのテーマに統一性は見られません。また語数もLanguage B（English）の教材と比較しても少ないのが特徴です。英語表現IIでは、文法のドリル的な演習を中心に教科書が構成されており、レッスンの最後に文法知識を活用しながら80語程度で英文を作成します。

そしてLanguage B（English）の教材にはどのような評価活動を行うのか、そしてその活動をどうやって、どのような基準で採点するのかが生徒にも分かりやすい言葉で説明されています。なぜ今その学習を行っているのか、それはDPの試験（DP examinations）でこのような問題が出題され、このような基準で評価されるから、と一連の流れが分かりやすく説明されています。一方で、検定教科書には評価活動や採点基準の説明はありません。

また、Language B（English）の教材は、英文の内容理解（事実関係の把握）を確かめる質問に加えて、自分の意見や主張を述べるタイプの質問が多く掲載され、学習者同士の議論を促す工夫がされています。一方、検定教科書は、教科書本文の内容理解を促す質問(本文を読めば答えが見つかる質問)が多いのが特徴です。

第 2 章　ディプロマプログラムの外国語科目「Language B（English）」　33

表 2-4　検定教科書と Language B（English）の教材の違い

	検定教科書	Language B（English）の教材
構成	コミュニケーション英語 II では、おおむね 10 ほどの論説文とその他の言語活動で構成されている。各レッスンあたりの語数は 500 語〜680 語程度である。英語表現 II では文法の演習やパラグラフライティングの演習が中心である。	Language B の手引き（Subject guide）に定められたトピックに沿ってオーセンティックな素材が掲載されている。各トピックの総語数は検定教科書より多い。また、生徒同士の議論を促すような構成となっている。
語彙の扱い	コミュニケーション英語 II では、レッスンごとに新出語彙が発音記号とともに掲載されている。	トピックごとに内容理解の助けとなる単語が掲載されているが、発音記号は記載されていない。
扱われる題材	コミュニケーション英語 II では、論説文や物語文が多く、著者・編集者により英文が加工されている。英語表現 II では文法を用いて会話を行っている場面が紹介されている。	パンフレット、ウェブ上の記事、ブログ、新聞記事等様々な種類の素材が加工されていない状態で掲載されている。
質問文の種類	コミュニケーション英語 II では、英文の内容についての事実を確かめる質問が多くを占める。	事実を確かめる質問に加えて、英文を読んだり、写真・絵等を見たりして、自分の意見や主張を述べるタイプの質問も多くみられる。
他の教科・科目との学習のつながり	なし	コア「知識の理論（TOK）」の学習を取り入れた学習活動がある。
文法事項	コミュニケーション英語 II では、レッスンごとに言語材料（文法事項）の解説が記載されている。英語表現 II では、文法知識を活用して並び替えや英語に訳す演習問題が多くみられる。	言語材料（文法事項）の解説は少なく、ライティングの場面を意識した形式（コロンとコンマの使い分け、前置詞の使い分け、動詞の意味の違い等）が記載されている。なお、様々な文体（形式）を意識しながらライティグを行う。
評価に関する記述	なし	内部評価（Internal Assessment：IA）や外部評価（External Assessment：EA）の内容について詳細に記載されている。IA や EA の対策ができるように構成されている。また項目別の到達指標（ルーブリック）が提示され、学習の到達目標が明示されている。

Language B で取り扱われる素材

Language B では様々な素材が扱われますが、どのような素材が取り上げられるのでしょうか。Language B の内容に沿って作成された 2 社の教材を比較したところ、以下のような素材を取り上げていることが分かりました。

① 聞く・読むといった受動型（receptive）の力を身につけるために使用される素材（例）

　英字新聞、企業・個人のブログ、様々な企業・機関の広告、旅行等のパンフレット、インタビュー、E メール、取扱説明書、ネット上のレビュー　等

② 相手とのやりとり（interactive）の力を身につけるために使用される素材（例）

　スピーチ原稿、プレゼンテーション、写真、ポッドキャスト、ネット上の動画サイト、映画、詩、歌、大学等の講義、風刺画　等

③ 書く力を身につけるために使用される素材（例）

　新聞・雑誌記事、公的機関・私的機関・個人のブログ、企業広告・公共広告、パンフレット、アカデミックエッセイ、スピーチ原稿、ニュースレポート、公文書、取扱説明書、クレーム等を伝える電子メール　等

　このように授業では様々な素材が取り扱われるのが特徴です。生徒たちは様々な素材を読むことを通して、いろいろな文章形式があることを知ります。そして、そのような文章形式に沿って今度は文章を作成し、自分の意見や考えを相手に伝える練習も行っ

第2章 ディプロマプログラムの外国語科目「Language B（English）」 35

ていきます。

Language B で行われる学習活動

　Language B では聞く、読む、話す、書く、相手とのやりとりを行う、といった学習活動が行われます。では、授業中にはどのような学習活動が行われるのでしょうか。以下、Language B の内容に沿って作成された2社の教材を比較し、明らかになったことを紹介します。

① 聞く・読む活動例
・英文を聞いたり読んだりする前段階で、内容を推測する。
・虫食いになっている部分に語彙・表現等を入れる。
・語の意味や同義語を理解したり、文の構造やフレーズの意味を捉えたりする。
・英文を聞いたり読んだりし、true or false の質問に答える。
・英文を聞いたり読んだりし、選択肢の中から正しいものを選択したり、誤りを指摘し正しい文に書き換えたりする。
・英文を聞いたり読んだりし、誰が何を言っているのかを把握する。
・聞いたり読んだりした内容を要約する。
・類似点や相違点を抽出する。
・文の中からエビデンスとなる部分を見つけ解釈を加える。

② 話す活動例
・相手の意見に対して賛成したり、異をとなえたりする。
・例示を加えながら話す。
・賛成か反対か根拠を示しながら述べる。

・自分でリサーチした結果についてクラスメートに伝える。

・英文を読んだ後、その内容について考察を加える。

・写真や絵、風刺画等を見て、そこから分かる情報を相手に伝えたり、自分の意見を述べたりする。

・出典先を示しながら、論理的に意見を述べる。

・英文を読み、そこに書かれている情報は信頼できるものなのかを、自分なりに理由をつけて述べる。

③　書く活動例

・2つの素材（英文）を読み、類似点や相違点を記述する。

・読み手は親しい間柄なのか、見ず知らずの人なのか等、読み手が誰なのかを設定して書く。

・いろいろな用途で（手紙や電子メール、ブログ、新聞記事、エッセイ等）英文を書く。

・フォーマルなのか、インフォーマルなのか、あるいはその中間なのかを意識しながら書く。

・自分の主観を述べる。

・客観的な事実を記述する。

・自分が読んだ英文を要約する。

・自分が読んだ英文について自分なりの評価を加える。

・筆者がその英文を書いた目的や意図を分析する。

・比喩や倒置、格言といった、様々な修辞技法（rhetorical devices）を用いながら書く。

④　相手とのやりとりの活動例

・相手の主張を推測しながらペアやグループで議論する。

・グループで課題の解決方法について話し合い、1つの結論を

出す。
・場面設定を行いロールプレイをする。
・パネルディスカッションを行う。
・賛成と反対に分かれてディベートを行う。
・意思決定を行うために、どの方法が効果的かつ最適かをペア
　又はグループで話し合う。

Language B で取り扱う題材例

　Language B ではコアとオプションで合わせて 8 つのトピック
があります。それぞれのトピックでは具体的にどのようなことを
学んでいくのでしょうか。Language B の内容に沿った 2 社の教
材を分析し、どのような内容を学んでいるのか紹介します。なお、
Language B ではどのような題材（サブトピック）を取り扱うか
は教師の裁量となっています。

① Communication and media

　インターネット、ゲーム、ブログ、広告、ラジオとテレビ、メ
ディアと暴力、検閲、SNS、電話、言葉によらないコミュニケー
ション、ジャーナリズム　等

② Global issues

　地球温暖化・気候変動、エネルギー消費、人種差別、貧困、ド
ラッグ中毒　等

③ Social relationships

　言語による文化・習慣の支配、文化とアイデンティティー、言
語とアイデンティティー、教育とマイノリティー、ステレオタイ

プ、ジェンダー、アルコール問題、教育、結婚、手紙　等

④　Cultural diversity
　移民、移住、言語と文化、自己のアイデンティティー、サブカルチャー　等

⑤　Customs and traditions
　学校の制服、会社の制服、規則、入れ墨、ドレスコード、伝統行事　等

⑥　Health
　代替医療、美と健康、メンタルヘルス、食事の過剰摂取、スポーツ、伝染病・感染症　等

⑦　Leisure
　余暇の過ごし方、国際的なお祭り、本の祭典、趣味、スポーツ、キャンプ、余暇の過ごし方についての国際比較、旅行とレクリエーション、等

⑧　Science and technology
　未来の人間、動物実験、コンピューター、携帯電話、武器、倫理と科学、再生可能なエネルギー　等

Language B におけるライティング活動
　Language B では様々な素材を読み、その素材の形式に沿って自分の意見や考えを書くという活動が行われます。この活動で生徒が学ぶのは、例えば、日記（diary entry）を書く場合、第三者

第2章　ディプロマプログラムの外国語科目「Language B（English）」　39

的な視点ではなく第一人称の 'I' を用いる、時制を意識しながら自分の感じたことを書く、日記はブログとは異なるので説明調にしないで書く、といったことです。新聞記事のレポートであれば、第一人称である 'I' の使用を避ける、どこまでが引用で、どこからが筆者の考えなのかを示す、動詞を受動態の形ではなく、能動態であらわすといったことです。

　加えて、Language B のライティングでは読み手として誰を想定しているのか、書いているメッセージの目的は何か（例：読み手へのリクエストなのか、提案なのか、説明なのか等）といったことを考えます。例えば以下のような形式を用いて書いていきます。

article

　雑誌や新聞の記事を書きます。例えば、地球温暖化に関する記事を書いたり、文化や習慣について紹介する記事を書いたりします。

blog, diary entry

　例えば、旅行先での出来事をブログで発信したり、コンサートや演劇、展覧会等で感じたこと等について日記を書きます。

brochure, leaflet, flyer, pamphlet, advertisement

　読み手は何を知りたいのか、読み手にどのような情報を伝達するのか、読み手の感情にどのように訴えかけるのか、といったことを考えながら書きます。例えば、生活習慣病を改善するための運動を紹介したり、病院の案内を作成したりします。

essay（標準レベルのみ）

essay は大きく 3 つに分けられます。エビデンスや説明を加えながら理論立てた文を書くもの、自分のこれまでの経験や逸話等を書くもの、課題の解決策について書くものです。例えば、社会科学を学習することは自然科学を学習することよりも重要か、代替エネルギーは私たちが抱える諸課題の解決に役立つか、といった内容です。

proposal（上級レベルのみ）

相手に提案する文を作成します。例えば、企業の担当者にスポンサーになってもらうために、どのような提案を書けば自分の企画が認められるかといったことです。具体的には、自分たちが部活動で全国大会に出ることになったが、活動資金を援助してもらうために部活の趣旨や自分たちの取り組み、社会に与える影響等を書くといった内容です。

interview

インタビューをして、相手の考えやそのときの感情、態度等を書いたり、インタビューを効果的に進めるための質問事項を考えたりします。例えば、プロ野球選手へインタビューをしていると仮定して選手の信念や価値観について書いたり、移民の人にインタビューしていると仮定して、政府に求める対策は何か、といったことを書いたりします。

introduction to debate, speech, talk, presentation

聞き手を説得させるにはどうしたらよいか、図やグラフを用いた方がよいのか、個人的な経験を織り交ぜた方がよいのか、専門

第2章 ディプロマプログラムの外国語科目「Language B（English）」 41

家の言葉を引用した方がよいのか、といったことを考えながら原稿を作成します。例えば、「スマートフォンは我々の日常に欠かせないものとなっている」、「インターネットの使用は我々の社会生活に大きな影響を与えている」というテーマで原稿を書きます。

news report

どのようなヘッドラインが効果的かつ適切か、最初のパラグラフ（lead paragraph）を読み手の興味を引くものにするにはどのようにしたらよいのか、等について考えます。例えば、ある事件についての新聞記事を書いたり、野球やサッカーの試合結果について書いたりします。

official report

実際に起きた出来事や問題点、課題の解決に向けてどのようなアクションをとるべきのか、新たに分かった情報は何か、等について読み手が短い時間で分かるように、かつフォーマルな形式で英文を書きます。例えば、リコール対象になったトースターについてのレポートを書いたり、キャンパス内に出たマムシの対策について事務職員が施設管理課の職員に報告書を書いたりといった内容です。

review

エビデンス（事実や詳細）に基づいて、自分が見聞きしたものについて評価したり感想を述べたりします。例えば、近所のレストランやカフェについてのレビューを書いたり、最近読んだ本についてのレビューを書いたりします。

set of instructions

読み手に分かりやすいように使い方等を説明したり、どのような情報を読者に与えるべきなのか、といったことを考えます。例えば、ゲームの進め方、プラモデルの作り方といったものを書きます。

written correspondence

自分が手紙の差出人となり、相手に手紙を書く、という想定で作文します。その手紙が問い合わせの手紙なのか、応募の手紙なのか、クレームの手紙なのか、番組制作者への手紙なのか等、読み手を意識して書きます。例えば、新聞記事の編集者に感想の手紙を書いたり、届いた商品が破損していたことに対するクレームの手紙を書いたり、といったことです。

---

3. Language B の評価活動と評価手法

Language B ではどのような評価活動を行い、どのように評価をつけるのでしょうか。ここでは、Language B の内容に沿って作成された複数の試験対策用教材を分析し、明らかになったことを紹介します。

Language B の評価概要

Language B の評価には大きく分けて、IB 機構の試験官によって生徒の学習成果が評価される「外部評価（External Assessment: EA）」と、生徒が在籍する IB 認定校の科目担当教員によって学習成果が評価され、最終的に IB 機構のモデレーターと呼ばれる人によって得点が調整（moderate）される内部評価（Internal Assessment: IA）の 2 種類があります。それぞれの評価の重みは

EA が 7 割、IA が 3 割です。EA には 3 種類、IA には 2 種類の試験があります（表 2-5）。なお、ここでは標準レベル（Standard Level: SL）の場合を示します。

表 2-5　Language B の評価概要

種類	名称	内容
外部評価 （EA）	Paper 1	読解能力を測る試験。コアのトピックと関連した問題が出題される。パンフレットや新聞記事、説明書といった様々な種類の素材が出題される。長文が 4 題出題される（1 題あたりおおむね 300 語から 400 語程度）。辞書等の持ち込みは不可。試験時間は 1 時間 30 分。
	Paper 2	ライティング能力を測る試験。オプションとして取り扱うトピックに関連したテーマが出題される。ライティング課題がそれぞれのトピックから 1 題ずつ提示され、生徒はその中から 1 題選び、250-400 語で作文する。辞書等の持ち込みは不可。試験時間は 1 時間 30 分
	Written Assignment	300-400 語程度の英文を 3 つ読み、rational と呼ばれる説明文を 100 語以内で作成する。その後、task と呼ばれる論述を 300-400 語以内で作成する。コアのトピックから出題されるが、どのトピックを選ぶかは教師と生徒が個別に相談して決定する。試験時間は特に設定されていないが、教師による監督のもと、授業内で実施される。辞書等の持ち込み可。
内部評価 （IA）	Individual Oral	オプションのトピックから出題。カラー写真をみて 15 分間で何を話すかをまとめ、その後、5 分間で写真についての描写や自分の意見や考えを述べる。更に最大 10 分間で教師と議論を行う。
	Interactive Oral Activity	コアのトピックから出題。授業内で教師が設定した 3 つの課題について評価される。時間の規定はない。

　以上が Language B の評価概要ですが、ここでは外部評価（EA）の Paper 2 と内部評価（IA）の Individual Oral について詳しく見てみたいと思います。

Paper 2 の内容
　Paper 2 では、様々な英文の［形式］に沿って作文します。様々

な英文の形式とは例えば、電子メールを作成したり、広告を作成したりといったことです。なお、[読み手]を意識して相手に提案したり、クレームを言ったり、情報を正確に伝えたり、といった様々な[目的]にあわせて英文を作成することが求められます。Paper 2 では、目的にあわせた英文になっているか、英文の正確さ、明確さ、自分の意見や考えを形式に沿って書いてあるか、といったことが評価対象となります。例えば、以下のようなスタイルで問題が出題されます。

出題スタイルの例（筆者によるオリジナル作成）

Your school will host an international academic conference for high school students during the summer holidays. Your teacher asks you to produce a brochure describing the purpose of this conference, its importance and impact on the students as well as the activities involved. Write the brochure.

　出題スタイルをみますと、小冊子（brochure）を作成することが求められていることが分かります［形式］。更に想定される読み手は他校の生徒等ということが分かります［読み手］。又、カンファレンスの目的と内容、生徒の活動についても触れるように求められています［目的］。このように複数の条件を考慮に入れながら生徒は英文を作成します。

　なお、採点は IB 機構が作成した評価規準によって行われます。満点は 25 点です。評価の規準は① Language（どのくらい正確かつ効果的に言語を使用しているか）、② Message（考えがどのくらい明確に述べられているか）、③ Format（どのくらい素材の形式（text type：例えば電子メールの形式になっているか、新聞記

事の形式になっているか）と合っているか）の3つの観点です。

Individual Oral

　Individual oral は DP の2年目に実施するよう定められています。個別による口頭試問では、生徒が初見の2つの写真を見るところから試験が始まります。そしてその写真にはタイトルもしくはキャプションが記載されています。2つの写真から生徒はどちらか1つを選び、15分間で話す内容を考えます。その際、生徒は話そうと思う内容についてメモをとっても構いません。

　続いて3〜4分程度で写真についての口述を行います。写真が Language B で取り扱うオプションのトピックとどのように関連しているのか、英語が使用されている国や地域（主にAnglophone culture）とどのような関係があるのか、といったことを説明します。続いて、生徒は教師と5〜6分程度で英語によるやりとりを行い、自分の意見や考えを教師に伝えます。例えば授業中に学習したトピックの理解度を示したり、自分の国や地域の文化と英語が話されている国や地域の文化との類似点や相違点を比較・対照したりといった具合です。したがって、教師から投げかけられる質問も how や why といったオープン型の質問で、yes や no で答えらえる質問は行われません。

　なお、口頭試問で使用される写真はカラーです。口頭試問は全て録音され、IB 機構に送付することになっています。

　なお、Individual Oral は① productive skills（流ちょうさや明確さ、正確さ、イントネーション等）、② Interactive and receptive skills（どのくらい相手の発言を理解したり、自分の意見を話せたりするのか）の2つの観点で、20点満点で評価されます。

4. Language B（English）の教材

　IB 認定校の多くが、手引き（Subject guide）の内容に沿って作成された民間の出版社の教材を使用していることは先ほど説明しました。様々な出版社が教材を作成していますが、教材の表紙にIB のロゴが入っているものと、そうでないものがあります。IBのロゴが入っているものは、教材の中身が手引きの内容に沿って書いてある教材である、ということを IB 機構が公式に認めているものです。2017 年現在はオックスフォード大学出版局の教材にのみ IB のロゴが付いています。ただし、IB のロゴがついていないからといって中身の質が劣ったり、内容に沿っていなかったりということはありません。教材はその学校の方針や教師の考え方、使い勝手等によって決定されるようです。

検定教科書と Language B（English）の教材の違い

　学習指導要領の趣旨を具体化したものが検定教科書ですが、IB機構が発行する指導の手引きの趣旨を具体化し、各出版社が作成したものが IB の教材です。ここでは、検定教科書と Language B（English）で用いられる教材を比べ、その違いについて比較してみたいと思います。

　例えば、フェアトレードについて基本的な知識を学ぶレッスンがあるとします。検定教科書に掲載されている問いは以下のようなものがあります。

1) Is the fair trade system based on a partnership producers and consumers?

2) What does the fair trade system guarantee?

3) What are fair trade products usually labelled with?

第 2 章　ディプロマプログラムの外国語科目「Language B（English）」　47

4）Is it difficult to find fair trade products at shops?

　以上の 4 つの質問は教科書本文を読むと答えが見つけ出せる
ようになっています。上の 4 つの質問には意見や考えを述べる
ようなものは含まれていません。

　では、Language B（English）の教材ではどのような問いが掲
載されているのでしょうか。

　　What do you see when you look at the logo on the right? Write
　　down the first thing that comes to mind. After that, share your
　　answer with classmates. Does everyone have the same answer?
　　Why might you see something different?

　この質問から、意見や考えを求めていることが分かります。さ
らに 'share your answers with classmates' とあり、自分の意見を
他のクラスメートに紹介する活動が行われるであろうことが分か
ります。また、'Does everyone have the same answer?' と続き、他
者の意見との類似点や相違点に気づかせ、一人ひとりが異なった
意見や考えをもっていることに気づかせる仕掛けづくりがされて
いることが分かります。さらに、'Why might you see something
different?' となっており、違いについてその理由を考えさせる学
習活動が行われています。

　このようにフェアトレードというテーマを通して、意見を相手
に伝えたり、相手の意見を聞いたり読んだりする学習活動が行わ
れるように構成されているのが特徴です。

教材の大きさ・ページ数

　DP の 2 年間で学ぶものが 1 冊に凝縮されています。A4 サイズに近く、厚みのある教材がほとんどです。ページ数はおおむね 400 ページ程度です。日本の検定教科書が A5 版であり、ページ数は 200 ページ程度であることを考えると、単純には比較できませんが 4 倍以上のボリュームがあることになります。そして、日本の高校の普通科の授業時間数と IB 認定校で学ぶ英語の授業時間数にはさほど差はありません。これも単純な比較はできませんが、DP で英語を学ぶ生徒は一般の生徒と比較して、同じ授業時間数で最低でも 4 倍以上の英語に触れていることになります。

教材の構成

　教材の多くは Language B で定められたトピックに沿って構成されています。例えば、A 社が発行する教材では、第 1 章では communication media, 第 2 章では global issues といった具合です。それぞれの章はおおむね 30 〜 70 ページです。一方、B 社が発行する教材はそれぞれの章の中に複数のトピックが配列されています。例えば、第 1 章では social relationship, cultural diversity, customs & tradition の 3 つのトピックを学び、第 2 章では communication & media, health, cultural diversity を学ぶといった具合です。もちろん教師の裁量により章をまたがってトピックをまとめて学習することもありますし、章の順番通りに学習することもあります。

　それぞれの章に目を移すと、おおむね以下のような流れになっています。

第2章　ディプロマプログラムの外国語科目「Language B（English）」　49

① 学習の目的・目標を知る

② 素材を読む前にどのような視点をもつのかを考える

　例えば、global issues について学ぶ章であれば、"What images come to mind when the topic of poverty in discussion?" といった問いに答えます。

③ トピックに関連したオーセンティックな素材を読む

　例えば、global issues について学ぶ章であれば、アメリカ合衆国の政府開発援助組織である USAID が発行しているリーフレットを読む、leisure について学ぶ章であれば観光施設のフライヤーの見開き 1 ページを読むといったものです。

④ ③で読んだ素材について、内容理解を促す質問に答えたり、意見や考えを書いたり話したりする

　例えば、観光施設のフライヤーを読んだ後に、'What is the aim of the flyer?' といった質問に答えたり、フライヤーに記載されている語彙の同義語を答えたりする問題に取り組みます。「このフライヤーを見て、あなたはこの場所を訪れたいと思いましたか。それはなぜですか。」といった問いに答えます。

⑤ クラスの仲間やペアやグループで議論をする

　例えば、science and technology の章では、インターネットについて述べている 'quote' を読み、どれが真実でどれが虚偽かを決め、その根拠をこれまでの経験や知識を交えながら議論を行うといったものです。

（例）

a. 'The Internet is becoming the town square for the global village of tomorrow'. — Bill Gates

b. 'The Internet is like alcohol in some sense. It accentuates what you would do anyway.' — Esther Dyson.

⑥　特定の素材の形式に沿って、ライティングを行う

　ブログ形式で自分の意見を書いたり、新聞記事の形式で情報をまとめたり、自分の意見を書いたりするような課題です。例えば、leisure の章でオリンピックについての素材を読んだ後、もし IOC に手紙を書くとしたら、といったものもあります。

　他にも reading strategy という項目があり、スキミングとスキャニングの違いについて理解したり、文構造についての理解を促したり、文の内容を比較・対照する際にどのような表現を用いるのかといった演習を行うようなものもあります。また、要所に外部評価（EA）や内部評価（IA）対策をどのように行ったらよいのか、効果的な学習方法や身につけるべき知識、スキルについての解説があります。

5.　改訂版指導の手引き（Subject guide）の概要

　IB 機構は定期的に指導の手引き（Subject guide）の改訂を行っています。本書を執筆している 2017 年 12 月現在、Language B の改訂作業が行われています。2018 年 2 月には Language B の新しい手引きが公開され、2018 年 9 月から新しい手引きに基づいた授業が実施されます。日本国内の 1 条校の多くは 4 月始まり

ですから、国内の多くの学校では 2019 年から新しい手引きに基づいた Language B の授業が行われることになります。

　複数の IB 認定校の DP コーディネーターに聞き取り調査を行ったところ、これまでの手引きと新しい手引きでは主に以下の点について変更となることが分かりました※。

変更点① 取り扱う範囲

　これまでは 3 つのコアトピックと 5 つのオプショントピックを取り扱うとなっていました。一方、新しい手引きでは「トピック」いう名称は使用されなくなるようです。そのかわりに以下の 5 つの「テーマ」に変更されるとのことです。

・Identities
・Experiences
・Human Ingenuity
・Social organization
・Sharing the plant

変更点② 試験内容の変更

　内部評価（IA）の interactive oral、外部評価（EA）の Written Assignment が廃止されようです。新しい手引きでは、リスニング問題が追加されることが検討されているとのことです。なお、リスニング問題はオーセンティックな素材で、雑音や話者同士がオーバーラップしながら会話をするような問題になるようです。

※ここに紹介する内容は、あくまでも筆者による調査結果です。詳細については国際バカロレア機構が発行する資料等を参考にしてください。

以上 2 つが大きな変更点です。他の変更点としては、これまで以上にオーディエンス（聞き手・読み手）や場面、目的をより意識させるような指導を行うことが求められるようです。また、文体がブログや日記のようなパーソナルなものなのか、オンラインフォームや質問紙調査のような専門的なものなのか、ポッドキャストやパンフレットのようなマスメディア系のものなのかを意識させるような指導を行う、といったものも含まれるようになるとのことです。

第 3 章

Language B（English）の実際

　前章では Language B の指導の手引き（Subject guide）の内容に触れ、どのような題材・トピックをどのように指導するのか、また評価の仕方等について紹介しました。では国際バカロレア認定校（IB 認定校）では実際にどのように Language B（English）を指導しているのでしょうか。また、仮に IB 認定校ではない一般の高校で Language B（English）の教育手法の一部を参考にした授業を行うとしたら、どのような指導が考えられるのでしょうか。そうした問いについて本章でひも解いていきたいと思います。

1. 国際バカロレア認定校における Language B（English）の指導

　IB プログラムの各教科・科目を指導する際、担当教員はSubject outline と呼ばれる 2 年分の指導計画表を作成することになっています。Subject outline は IB 認定校になろうとする学校が作成する書類の 1 つです。作成に当たっては IB 機構が定めるいくつかの要件※に従う必要があります。なお、筆者が DP コーディネーターを務めていた頃は、要件として主に以下のようなも

※要件は改訂されることがあり、IB 機構が主催する公式のワークショップに参加して最新の情報を得る必要があります。本書で紹介するものはあくまで筆者の経験に基づくものです。

のがありました。

①　**IB 機構が主催するワークショップに出席する必要がある**

　IB 機構は世界中の国・地域で Language B（English）のワークショップを開催しています。もちろん日本でもワークショップが開催されています。ワークショップの参加費は日本円でおよそ 7 〜 8 万円程度とされ、おおむね 3 日程度のものが多いようです。これは対面型のワークショップの場合で、他にもオンラインによるワークショップも開催されています。オンラインによるワークショップは対面型のワークショップよりも若干費用が抑えられているようで、参加費は日本円でおよそ 6 〜 7 万円前後が多いようです。対面型あるいはオンラインのワークショップに参加することで、Language B（English）の指導が可能となる certificate と呼ばれる修了証が授与されます。

　Language B（English）に限らず IB プログラムの各教科・科目を指導する場合、原則としてその教科・科目に関するワークショップに参加し、修了証（certificate）を取得しなければなりません。ワークショップは主に 3 つの「カテゴリー」によって分かれています。カテゴリー 1 と呼ばれるワークショップは IB 認定校の指導経験がない、あるいは経験が浅い教員を対象としたものです。そしてカテゴリー 2 と呼ばれるワークショップは、IB 認定校での指導経験が比較的長い教員を主な対象としており、より実践に即した内容を学びます。ただし、カテゴリー 1 とカテゴリー 2 を統合する例も散見されます。加えてカテゴリー 3 と呼ばれるテーマ別研修があり、こちらは IB 認定校での経験年数を問わず参加できるタイプのものです。カテゴリー 3 には例えば学習の方法（Approaches to learning: ATL）の理解や課題論文

(Extended Essay: EE)の指導に関するもの等が用意されています。中にはメディテーション(めい想)をテーマとしたワークショップ等、様々なワークショップが開かれています。

　Language B (English) のカテゴリー1のワークショップでは、IBプログラムの理念や10の学習者像の理解、Language B (English) の指導の手引き (Subject guide) に関する理解や評価手法、評価活動の理解等を深めていくことが多いようです。評価活動に関する演習ではDPの学習者が実際に書いたライティング課題を読み、自分なら何点をつけるかをIB機構が定める評価規準に沿って採点し、それをグループで議論することもあります。ワークショップ全体に共通することですが、講師(正確には「ワークショップリーダー」と呼ばれる)から受講者に知識を伝達する一方通行型の講義形式ではなく、参加者同士でグループを組み、議論したり話し合った成果をプレゼンしたりといった参加型・双方向型のスタイルをとりながら進められていくのが特徴です。

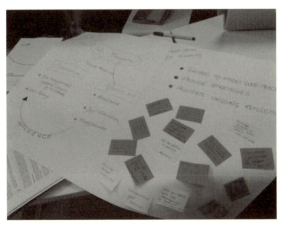

IB機構主催のワークショップで作成したグループプレゼンテーション用の資料

② 指導の手引き（**Subject guide**）で取り扱うトピック5つ全てを網羅し、それらをどのように指導するのかを示す。さらに、**IB機構が示す評価に関する考えを反映し、学習と評価が一体化するようなプランを作成する**

Subject outline の作成にあたっては、Language B（English）で学ぶトピックの全て（合計5つのトピック）を網羅する必要があります。また、それらを取り扱うに当たり、どのような素材を用いるのか、その素材は学習を支えるのに十分な量と質があるのかどうかを示します。

コアのトピック3つ全てとオプションのトピック5つのうちから2つを選択し、合計5つを2年間の中で指導します。それぞれのトピックをいつ教えるのか、どのくらいの期間教えるのか、またサブトピックとして何を教えるのか、どのような素材を扱うのかといった定めは Language B の手引きには実は記載されていません。従って、地域や学校、生徒の実態等に応じて各学校あるいは Language B（English）の教師が決定します。

なお、Language B の指導にあたっては手引きに定められた内容以外も追加で教えてもよいことになっています。例えば、日本の学習指導要領に定められた内容を指導するために発音指導を付け加えましょう、生徒の実態として○○の力を伸ばす必要があるのでこれも取り入れましょう、といったことができます。

次に IB 機構が示す評価に関する考えを反映します。具体的には IB 機構が出版する 'Diploma Programme assessment principles and practice'（ディプロマプログラム評価の原則と実践）と呼ばれる書類に記載された内容を指導者は十分に理解しているかを示します。なお、書類は以下のサイトで閲覧可能となっています（http://www.ibo.org/contentassets/1cdf850e366447e99b5a862a

ab622883/dpassessmentprinciplespractice2004en.pdf）。

　この書類には IB 機構の評価に関する考え方や最終試験での評価方法等について、かなり詳細に書かれています。余談ですが、私が IB プログラムを提供するコースの開設準備をしていた頃、IB 認定校になるにあたり各教科・科目の先生方にこの書類を熟読して頂き、その内容を手引きにも反映するようお願いをしていました。IB プログラムの質が世界標準レベルの内容として保証されている理由の 1 つとして、評価規準が厳格であること、そして IB 教員全員がその内容を共有していることにあると思います。IB プログラムの質を保証するためにも IB 機構の評価に関する考え方を十分に理解することは大切なことなのです。

　国内の学校では指導と評価がかい離している、つまり一体化されていない、といった課題について文部科学省を中心に議論されています。一体化されていないとは極端な例で言えば、授業ではコミュニケーション主体の活動を行っているものの、定期考査では家庭学習として課していた問題集から語彙や文法の知識を多く問う問題を出題したり、授業で取り扱った読解問題で重箱の隅をつつくような細かい問題を多く出したりといったことです。ただ、極端な例と表現したものの、実際には国内の学校ではこうしたテストを行っている学校が多いように感じます。

　一方、IB プログラムでは学習と評価の一体化を非常に重要視しています。例えば、コアトピックである global issues で「肥満と飢餓」というテーマを扱うとします。授業中に Table for Two（先進国の人に健康的な食事を付加価値をつけて提供し、その売り上げで途上国に栄養価の高い食料を届けるプロジェクト）について取り扱うとします。授業中に生徒は Table for Two の主旨に賛同し、そのプロジェクトに参加しているレストランの英語で書かれ

たチラシを読んだ後、テストでは自分たちで Table for Two を紹介するチラシを作成します。そして、そのライティングの内容は、教師により事前に提示されたルーブリックによって評価されます。ですので、IB プログラムでは評価と授業で学ぶ内容がかい離することはありません。

③ IB の内部評価（Internal Assessment: IA）及び外部評価（External Assessment: EA）をどのように実施するのかを示す

Language B（English）で実施する内部評価（IA）及び外部評価（EA）について、いつ、どのタイミングで、どのような方法で評価活動を実施するのかを示します。他にも、IA に関する説明はいつ生徒に行うのか、IA で使用するルーブリックを用いた演習はいつどのように行うのか、IA の開始時期と締切時期はいつ頃に設定するのかといったことも示します。Language B（English）では DP の 2 年目に IA を実施することとなっていますが、具体的な実施時期は各 IB 認定校の裁量ですので、それぞれの IB 認定校で実施時期を決めることができます。ただし、各教科・科目の教員が自分たちの都合だけで実施時期を決定してしまうと、他の教科・科目の内部評価の実施時期とバッティングしてしまい、生徒にとって大きな負担となります。そこで IB プログラムを統括する校内のプログラムコーディネーターと相談した上で各教科・科目の内部評価の時期を確定していくことが多いようです。

④ DP のコアとなる授業「知の理論（Theory of knowledge: TOK）」と関連づけて指導する

「知の理論（Theory of knowledge: TOK）」とは DP のコアとな

る授業で、物事の本質について深く探究し、批判的思考（クリティカル・シンキング）力を鍛えることを目的としている授業です。そして DP では全ての教科・科目で TOK のエッセンスを取り入れることになっています。TOK のエッセンスを各教科・科目の学習に取り入れることは DP の大きな特徴となっています。

⑤　国際的な視野（International mindedness）を育む

　IB プログラムで設置されている全ての教科・科目で国際的な視野を育めるようにする必要があります。異文化の視点から物事を理解したり、分析したりするために、どのような素材を用いて、どのような指導を行うのかを記載します。

⑥　IB の 10 の学習者像

　IB プログラムでは全ての授業で 10 の学習者像と関連づけながら授業を行うことが求められます。授業で指導する内容と 10 の学習者像がどのように関連づけられるのか、関連づけた内容をどのように発展させていくのかを示します。

　以下、IB 機構が定める要件（筆者が DP コーディネーターを務めていた頃の要件）と、筆者が調査した国内外の IB 認定校の資料を基に Subject outline を作成してみました。

科目名：Language B（English）標準レベル

（※以下の内容は、筆者の経験や IB 認定校での調査結果を基に独自に作成したものです。）

① 取り扱うトピックと評価活動

取り扱うトピック	学習内容	指導時間	評価活動の内容	取り扱う素材
Language B の概要説明、評価活動の紹介、最終試験の紹介	生徒の学習意欲に関する質問紙調査の実施、英語運用能力判定テストの実施	3 時間	なし	Language B の指導の手引き
Global issues（コア）	サブトピック：①貧困と文化、②気候変動 貧困、飢餓、肥満、水不足等、世界には解決すべき課題が山積している。本トピックを通して、持続可能な発展（sustainable development）について探究する。 ・文化・習慣と貧困にはどの程度関連性があると言えるのか。 ・気候変動と水不足の共通点とは何か。 ・グローバルな課題解決に科学技術はどの程度役立つのか。	15 時間	・ブログを書く（200words 程度でグローバルな課題について客観的事実を記述したり、自分の意見や考えを述べたりする。） ・グループによる討論 ・内部評価（IA）individual oral の練習	・Brad Philpot.（2013）. English B for the IB Diploma.（Cambridge University Press） ・オンラインビデオ教材 Enlgish Central "How can we tackle with the global issues?" ・Guardians の 2017 年 4 月 20 日の記事

第 3 章 Language B（English）の実際 61

| Leisure（オプション） | サブトピック：①精神の解放、②スポーツと病気、③観光・旅行
Leisure は人生を豊かにするために必要であるという主張があるが、以下の問いについて探究する。
・Leisure の定義とは何か。Leisure の定義は国・地域によってどのように異なるのか。
・Leisure は精神衛生を保つのにどの程度役立つのか。
・余暇の一つとしてのスポーツは、それぞれの国や地域でどのように行われているのだろうか。どのくらい病気の予防に役立つのだろうか。 | 20 時間 | ・外部評価（EA）Paper 1（読解問題）の形式に沿ったミニテストの実施
・チラシを作成する（旅行の紹介を 300words 程度で記載する。） | ・*Harmonised European Time Use Survey*: Retrieved from HETUS https://www.h2.scb.se/tus/tus/default.htm
・N.P Gist & S. F. Fava.（1964）.*Urban Society. New York*, Crowell |

※以下、同様に 2 年分の指導計画を作成していきます。

② IB の内部評価（IA）及び外部評価（EA）をどのように実施するのか

・内部評価（Interactive oral と Individual oral）は DP2 年目に実施する。本校では、Interactive oral は DP2 年目の 9 月に、Individual oral は DP2 年目の 10 月に実施予定である。DP1 年目の第 1 ～第 3 週にかけて内部評価（IA）の内容説明を行い、その際に評価指標（ルーブリック）を提示して生徒に到達すべき目標を明示したい。それぞれのオプションを学習する際、形成的な評価の一つとして内部評価（IA）の内容を意識した演習を実施する。その際、クラスメート同士で相互評価する等し、お互いの学び合いを深める機会を設けるよう配慮する。
・外部評価（EA）には Paper 1 と Paper 2 の 2 種類があるが、DP1 年目の最初の授業で Paper 2 の過去問題に取り組む時間を設ける。また、日々の授業で定期的に Paper 2 のルーブリックを用いて自己採点を行ったり、相互評価を行ったりといった学習活動を取り入れる。

③ DP のコアとなる授業「知の理論（Theory of Knowledge: TOK）」と関連づけた指導例

取り扱うトピック	TOK とのつながり（授業概要も記載する）
Global issues （コア）	一部の途上国では、先進国向けにカカオ豆の生産を行っている。しかし、多くの農場では労働の対価に見合わない安い値段で豆の取引を行わされている現状があるという。安い値段で取引されるため十分な収入を得られず、子供を学校に通わせることができないという。一方、昨今は生産者にその生産物の価値に見合った値段を支払う取引「フェアトレード」が注目されている。フェアトレードについて学ぶに当たり、まずはフェアトレードのロゴを示すところから始める。そしてロゴを見てどのような考えが頭に浮かぶのか、そしてそれらの浮かんだ考えはクラスメートと異なるのか、なぜ考えが異なるのかを議論させたい。 　TOK では「知るための方法（ways of knowing）」の1つとして「感覚（perception）」が挙げられている。フェアトレードのロゴは何かしらのサインであり、シンボルであり、かつイメージであったりするが、それは人によって捉え方が違う。つまりロゴは記述言語とは異なり、人によって解釈の仕方が異なると言える。ではなぜ記述言語よりもロゴの方が抽象的な解釈を生むことにつながるのだろうか。人間の感覚は物事の解釈にどの程度影響を与えると言えるのだろうか。そこで本授業を通して人間の感覚について探究していきたい。

④ 国際的な視野（International mindedness）を育む

Leisure （オプション）	Leisure を楽しむ1つの手段として「観光」がある。グローバル化が進んだ昨今、国を超えて観光に出かけることがあり、例えば外国の人が自国に訪れる観光形態を「インバウンド観光」と呼ぶ。このインバウンド観光では経済的な効果があったり、文化的な触れ合いがあったりと様々なメリットも存在する一方、一部では文化摩擦を起こしているという。例えば、コーヒーチェーンで喫茶を済ませた後、大抵の人は「返却口」と書かれたコーナーにトレーとともにマグカップを戻すかもしれない。ところが、返却口に戻すことをせず、済ませた後はテーブルの上に置きっぱなしにすることを常識とする国や地域があるとしたらどのような感情を抱くだろうか。返却口に戻すことを常識とする国や地域のコーヒーチェーンにはフロア清掃員がいないが、テーブルの上に置きっぱなしにする国や地域のそこには清掃員が常駐していることが多い。返却口に戻すという行為が清掃員の仕事を奪うことになるかもしれない。このような観光で生じる文化摩擦についての事例を調べ、グループで議論を行う。 使用する資料： R Butler, T Hinch.（2007）. *Tourism and indigenous peoples: Issues and implications.* YouTube "*What is cultural tourism?*"

第 3 章 Language B（English）の実際 63

⑤ IB の 10 の学習者像をどのように育むのか

Global issues（コア）	グローバルな課題の解決方法をまずは個別で考え、そしてグループになりアイデアを出しながら考えていく。その際、NGO 団体、NPO 団体、政府組織、研究機関等が発行する資料（主にウェブページに記載されている情報）からデータ等を読みとる。複雑な問題を分析したり、課題の解決のために考えうる行動について深く考えさせていくことで学習者像の「Thinkers（考える人）」を育成する。 　また、グローバルな諸課題は、その課題の本質を捉えなければ解決することはできない。例えばサブトピックとして貧困と飢餓について取り扱う場合、その国や地域をとりまく政治状況、経済状況、文化・習慣といった幅広い知識を探究することで、「Knowledgeable（知識のある人）」の育成を目指す。 　加えて、自分の意見や考えを述べる際には口頭や筆記によるメッセージだけではなく、音楽や絵で表現する方法もあることを理解する。例えば、グローバルな課題の解決に使用されているロゴ（図柄）や音楽等を見たり聞いたりし、自分たちでそれらをデザインし、デザインの意味を説明すること等を通して「Communicators（コミュニケーションを取る人）」を育成する。

2. Language B（English）の授業展開例

　ここでは Language B（English）の授業について紹介します。国内外の IB 認定校の授業の様子や、Language B（English）に関する論文、また Language B（English）でよく使用される海外の出版社が発行する教材等を参考に展開例を紹介します。Language B（English）では授業の流れとして、Pre-reading（英文読解を行う前の学習活動）、While-reading（英文読解をメインとした学習活動）、そして Post-reading（英文読解後の学習活動）といった順番で行われることが多いようです。ただし、授業の流れは各学校・教師の裁量となります。この流れで授業を行わなければならない、といったものではありません。それを踏まえて以下、それぞれの学習活動例を概説します。

① Pre-reading

英文読解に入る前の活動です。教師と生徒で、あるいは生徒同士でやり取りを行ったり、これまで生徒が経験したことや体験したことと関連づけながら新情報を付け加えたりしながらやり取りを行います。また、比較的短めのオーセンティックな素材を聞いたり読んだりし、自分の意見や考えを述べたり、簡潔に記述したりします。

② While-reading

様々なオーセンティックな素材を読みます。外部評価（EA）Paper 1（英文読解）に準じた演習を行ったり、答えが1つとは限らない問いにペアやグループで取り組んだりします。また、素材に関連する語を学習したり、素材の中で使用されている文法の活用方法等について学んだりしていきます。

③ Post-reading

②で読んだ素材を参考に外部評価（EA）Paper 2（筆記課題）に準じたライティングを行います。また、内部評価（IA）の形式に沿って Individual Oral（個別口頭試験）や Interactive Oral の演習を行います。

それでは、Pre-reading での授業から順に紹介します。ここではその特徴が分かるよう、授業の配分時間を Pre-reading で1時間、While-reading で1時間、Post-reading で2時間の合計4時間で扱う場合を想定しています。しかし、実際の授業は Pre-reading で1時間、While-reading で3時間、Post-reading で2時間といった具合に、取り扱う内容や英文の量、生徒の実態等に応じて時間数は変化します。

① **Pre-reading の活動例**

例えば、オプションのトピックである 'leisure' について学ぶ場合、以下のような展開例が考えられます。

1. ウォームアップ：教師の問いかけに対して、ペア又はグループでそれぞれ意見交換する
2. 授業の目標を確認
3. インタラクション活動：教師は生徒に 2 ～ 3 つの問いかけをし、それぞれの問いかけについてペアあるいはグループ同士で意見・考えを言う
4. ギャラリーウォーク：教師は答えが 1 つとは限らない問いを与え、生徒は問いに対する回答を紙に書き、机上に置く。その後、全員が起立し、他のクラスメートの回答を読む
5. ティーチャートーク：教師は授業のテーマである 'leisure' について、英英辞典や文献、その他ウェブ上でどのように定義づけされているか紹介する
6. リーディング：生徒はウェブ上のオーセンティックな素材（英語教材用に加工されていないもの）を用いて英文を読解する
7. ライティング：'leisure' について、生徒は意見や考えを一定の語数（120 words）以上で筆記する

以上の流れを、授業中の教師の生徒に対する問いかけと生徒の活動を表で示します（表 3-1）。

表 3-1　授業の流れ

	教師の問いかけ等	生徒の活動
1	What did you do during summer vacation? How was it?	ペア・グループになって、それぞれ意見交換を行う。
2	In this lesson you will: - understand what leisure is. - think about ideal free time, and state your opinions and ideas to your friend(s). - organize an argument about ideal free time in more than 120 words.	クラスを代表して1人が授業の目標を音読する。この時間ではleisureとは何か、理想的なleisureの過ごし方について議論していきます。
3	- What do you want to do in your free time, and why? - If you had enough time and money, what would you do in your free time, and why? - What is your definition of 'leisure'? Give specific examples.	理想的なleisureの過ごし方について意見交換したり、leisureについて自分なりに定義したりする。人それぞれ定義が異なることを理解し、なぜ異なるのか、どの部分が異なるのかについて学ぶ。
4	Now, let's read other's opinions and ideas. Please stand.	クラスメートが書いた内容を読む。
5	Dictionary definition: "Leisure is time that is spent doing what you enjoy when you are not working or studying; free time". (*Oxford Learner's Dictionary of Academic English: Oxford University Press, 2014*)	辞書に書いてあるleisureの定義を読む。
	Literature Definition "Leisure is the time which an individual has free from work or other duties and which may be utilized for the purposes of relaxation, diversion, social achievement, or personal development". (*N.P Gist & S. F. Fava (1964) Urban Society. New York, Crowell, p. 411.*)	様々な文献や資料に書いてあるleisureの定義についてその一例を学ぶ。
	Leisure is : volunteers, other social life, entertainment and culture, resting, walking and hiking, other sports, outdoor activities, computer and video games, computing, other hobbies and games, reading books, magazines, TV and video, radio and music (Adapted from Harmonised European Time Use Survey： HETUS. Retrieved from https://www.h2.scb.se/tus/tus/default.htm)	leisureの過ごした方として、ヨーロッパの国ではどのような活動が紹介されているのかを知る。

第 3 章　Language B（English）の実際　67

| 6 | - Are there any differences between free time in Japan and English speaking countries such as US, UK and Australia? Let's read a blog entry. | 日本と英語圏では leisure の過ごし方が異なるのかどうかを議論する。 |
| 7 | Describe your ideal free time. Give specific reasons and examples. | 理想的な leisure の過ごし方について 120 語程度でライティングする。その後、お互いに書いたものを読み合う。 |

②　**While-reading の展開例**

オプションのトピック 'leisure' のサブトピックとして 'sports' について学ぶとします。ここではまとまった英文を読んでいきます。例えば以下のような展開例が考えられます。

1.　インタラクション活動

　　前回の授業で学んだことを振り返ります。ペアやグループになり前回の概要、新たに発見したことや疑問等を話し合います。そしてクラスの仲間とその内容を共有します。

2.　リーディング

　　オーセンティックな素材を読みます。素材に出てくる語彙について内容を推測したり、あるいは未知の語について調べたりしながら読んでいきます。

　　例えば、以下のようなウェブサイトを閲覧し、読解します（実際はもう少し分量のある英文を読むことが多いです）。

South Dakota Public Broadcasting. (n.d.). (http://www.sdpb.org/blogs/sports-and-leisure/2015/05/14/top-5-most-dangerous-sports-for-girls/)

3.　内容理解・議論

　　上のリンク先に示したウェブを閲覧後、問題演習をします。Paper 1（読解問題）に準じた演習や素材に関連する

問いに答え、その後の議論につなげます。これらの問いは答えが1つとは限らない問いで、相手はどのような意見や考えをもっているのか、どのような点が相手の意見や考えと異なり、または同じなのか、なぜ意見や考えが異なるのか、といったことを議論していきます。例えば以下のような問いです。

（例）

Q1：The text presents a 'top five' list of the world's most dangerous sports, but they are not in the correct order. Read the text above, then rank the paragraphs in the correct order using your original criteria. After that, compare with a classmate's ranking. How are your lists similar or different?

（英文では世界で最も危険なスポーツトップ5を紹介しています。しかし、危険度順には並んでいませんので、正しい順に並び替えましょう。その際、自分で設定した評価（criteria）を使ってください。その後、他の人のランキングがどのようになっているのかを比較しましょう。どのような点が似ていて、どのような点が異なりますか。）

Q2：How formal or informal is the tone of a text? Rate the text on a scale of 1 to 5, where 5 is very formal/academic and 1 is very informal. When you rate, give specific reasons to support your answer.

（英文はインフォーマルなものでしょうか、あるいはフォーマルなものでしょうか。1から5までで評価しましょう（5がフォーマルあるいはアカデミックで1がインフォーマル）。

第3章　Language B（English）の実際　69

評価する際、根拠を述べてください。）

Q3：The author's ranking of these five sports as 'the most dangerous' is ambiguous. 'Dangerous' will be interpreted different by different people. In the text, find and underline facts or evidence to support the author's opinions.
（筆者が紹介している5つのスポーツのランキングで「最も危険」という定義があやふやです。「危険」という言葉は人によって異なる解釈をします。英文から事実あるいは根拠を探し、筆者の意見をサポートする箇所に下線を引きましょう。）

③　Post-reading の活動例

While-reading の次は、Post-reading の活動に入ります。

1.　ブログ形式の記事の特徴を知る
　　ブログ形式の記事を書くに当たっての注意点、他の形式（日記や手紙等）とどのような点が異なるのか等を確認します。
2.　ルーブリックの理解
　　提示されたルーブリックを読み、到達目標を理解します。
3.　ライティング課題に取り組む
　　ライティング課題に取り組みます。授業内に終わらなかった場合には次の授業までの課題とすることもあります。

では、「1.　ブログ形式の記事の特徴を知る」の展開例を見てみます。

70

Tips for creating a blog entry.

・Ask yourself!

・Why would anybody want to read my blog entry? Keep it interesting, relevant, and up to date information.

（なぜ自分のブログ記事を読むのだろうか。面白く、社会的に意味があって、最新の情報を入れるようにしましょう。）

　上のようなことを意識させた上で、次の問いについてペア又はクラスで話し合います。

a. What is the author's purpose in writing this type of text （blog）?

b. Who will read this type of text? Who will be the target audience?

c. What does the physical layout of the text look like? How do headings, text, images actually appear?

（a. この形式で文を書くことの目的は何でしょうか。）

（b. 誰がこの形式の文を読むのでしょうか。誰が想定される読者でしょうか。）

（c. この形式で用いられるレイアウトはどのようなものでしょうか。見出しや中身の英文、イメージはどのようなものでしょうか。）

　一通りブログ形式の記事を書く際の注意点を理解した後、「2. ルーブリックの理解」に進みます。ライティング活動で使用す

第 3 章　Language B（English）の実際　71

るルーブリックとして、以下のようなものが考えられます（表
3-2）。

表 3-2　ライティングのルーブリック

Failure to write the minimum number of words will result in a 1-mark penalty in each criterion.

	Criterion A	Criterion B	Criterion C	Criterion D
	Format	Addressing the writing task	Language	Message
	To what extent do you produce the required style?	To what extent do you address the writing task?	How effectively and accurately do you use language?	How clearly can you develop and organize relevant ideas / opinions?
9-10			A wide range of vocabulary (related to the topic) and some complex sentence structures are used accurately.	The development of ideas / opinions is coherent and effective; supporting details are appropriate.
7-8			A range of vocabulary (related to the topic) and simple sentence structures are used accurately.	The development of ideas / opinions is coherent; supporting details are mostly appropriate.
5-6	The text type is clearly or generally appropriate.		A fairly limited range of vocabulary (related to the topic) and simple sentence structures are used with some errors.	The development of ideas / opinions is evident at times; supporting details are sometimes appropriate.
3-4	The text type is sometimes or occasionally hardly recognizable.	The text includes all or some of the writing task requirements.	A limited range of vocabulary (related to the topic) and simple sentence structures are sometimes used with some errors.	The development of ideas / opinions is confusing; supporting details are limited and/or not appropriate.

| 1-2 | The text type is hardly or not recognized. | The text includes few or none of the writing task requirements. | A very limited range of vocabulary (related to the topic) and simple sentence structures are used with many basic errors. | The development of ideas / opinions is unclear; supporting details are very limited and/or not appropriate. |
| 0 | The work does not reach a standard described by the descriptors above. | | | |

（International Baccalaureate（2011）を参考に筆者作成）

　ルーブリックを確認後は、「3. ライティング課題に取り組む」の活動に入ります。

Today's writing topic

Many researchers have revealed playing sports has many advantages such as reducing stress and improving our physical health, but extreme sports such as skydiving and rock climbing may have risks at play. Write a blog entry in more than 250 words giving specific examples of both advantages and disadvantages of extreme sports, then state your opinions whether you would like to do or not.

（多くの研究者はスポーツにはストレスの軽減や身体の健康を強くするといった利点があることを明らかにしています。一方、extreme sports と呼ばれるスカイダイビングやロッククライミングといったスポーツはリスクが伴う場合があります。250語以上でブログ形式の記事を書いてください、その際、extreme sports のメリットとデメリットについて具体的な例を挙げて、どちらがよいのかを述べましょう。）

第 3 章 Language B（English）の実際 73

　以上が Post-reading の活動例です。ライティング課題の進め方には個人差がありますし、分量的にも授業内だけでは終わらないことが想定されますから、次の授業までの宿題としてもよいかもしれません。

　そして、Post-reading の 2 時間目の授業では先程のルーブリックを用いて自己採点を行うことがあります。その際、それぞれの規準（criterion A から D まで）で何点になるのか、その理由は何かといった根拠を英語で書くように指示することもあります。自己採点が終わった後、自分たちが書いたブログの内容をお互いに読み合います。その際、悪い点を指摘するのではなく「なるほど」、「初めて知った」、「その視点は私にはなかった」、といった部分にアンダーラインを引くように促してもよいでしょう。さらに英語で短いコメント（おおむね 50 words）を書くように指示します。

　その他、お互いにライティング課題を読み合い、ルーブリックを用いて相互評価を行うといった活動も考えられます。

［おまけ］

　授業で取り扱うトピックを Global issues とし、サブトピックとして「貧困と格差」を設定した場合の、Pre-reading での活動例を紹介します。

1. 世界の諸課題のうち、知っている課題を紹介し、概略を述べる
　　ペアやグループになり、知っているグローバルな課題について共有します。
2. 授業の目標を確認する

・他者の意見と自分の意見は異なっていることを認識する。

・物事を論理的に相手に分かりやすく説明する。

・文字や言葉は相手と同じ程度に伝わりやすいが、ロゴやデザインは見る人によって感じ方や解釈が異なることを知る。

3. フェアトレードのロゴの意味を考える

フェアトレードのロゴを見て、どのような意味があるのかをグループで考え、話し合う。

4. フェアトレードのロゴの意味について、自分たちなりの解釈を加える

グループで1名、自分たちで考えたロゴの解釈について発表する。

5. フェアトレードのロゴを作成する

グループでフェアトレードのロゴを新規で作成する。

6. 自分たちで作成した、オリジナルのフェアトレードのロゴを紹介する

グループの代表者1名がロゴの意味を説明する。加えて、ロゴを作る際に苦労した点を話す。

7. 気に入ったロゴに投票する

各グループで作成したロゴで気に入ったものに投票し、その理由を述べる。

以上の流れを表にまとめると以下のようになります（表3-3）。

第 3 章　Language B（English）の実際　75

表 3-3　授業の流れ

	教師の問いかけ	生徒の学習活動
1	What global issues do you know about?	Global issues の例としてどのようなことを知っているのか（例：地球温暖化、貧困、水不足等）、その概要をグループでシェアする。
2	Today's Aims	今日の目標を確認する
3	Have you ever heard the expression 'fair trade'? What is fair trade?	・フェアトレードという言葉を聞いたことがあるか、もし聞いたことがあるとしたら、それはどのようなものなのかをグループ内で共有する。 ・クラス全体で情報を共有する。
	What do you see when you look at the logo on the left? Write down the first thing that comes to mind.	・3～4 分程度で思いついた内容を書き出していく。その際、クラスメートとは相談せず、個人個人で書いていく。
4	Now share your answer with members of your group.	指示を聞き、5 分程度でお互いの考えを共有する。その後、各グループで出てきた意見をクラスで共有する。
5	Create your own original logo!	10 分程度でグループでオリジナルのロゴを作成します。その後、グループごとにロゴの説明を行う。
6	Does everyone have the same logo? Why might you see something different?	ロゴのデザインや理由が異なる理由はなぜかを「感覚」という言葉をキーワードに考え、80 語程度で作文する。その後、クラスでその内容を共有する。
7	Which logo is best? Give specific reasons to support your opinions.	どのロゴが一番よいと思ったのか、根拠とともに紹介する。

3. Language B（English）の教育手法を参考とした英語授業

　IB プログラムを実施できる学校は IB 認定校に限られます。同様に、ディプロマプログラムで提供される外国語科目「Language B」についても IB 認定校でのみ指導できます。これは IB 機構が IB プログラムの質保証や知的財産の保護の観点から厳格に定めているルールです。

一方、ふだんの英語の授業に Language B（English）の教育手法を参考とし、そのエッセンスを取り入れることは妨げられるべきではないと考えます。学校教育法第1条に定められた学校は学習指導要領に基づいて授業を行いますから、検定教科書を活用することを軸としつつ、そのエッセンスの一部を参考にした授業を行うこととなるでしょう。では、実践するとしたらどのような授業が考えられるのでしょうか。以下、見ていきたいと思います。

学習指導要領と指導の手引き（Subject guide）

文部科学省（2015）は、IB 認定校で Language B（English）を実施した場合、高等学校学習指導要領「外国語」の1科目「コミュニケーション英語 I」を履修したものとみなすことができるとしました。また、主に高校2年生で設置されることが多い「コミュニケーション英語 II」や高校3年生で設置されることが多い「コミュニケーション英語 III」、そして「英語表現 I」、「英語表現 II」及び「英語会話」といった科目についても対応関係があるとしました。これは、IB 認定校で Language B（English）を学んだ生徒は、これらの科目と同等の内容を学んだとみなせるということを意味します。

和田（2017）は学習指導要領は拘束性と創造性の両面を併せ持つとし、授業運営を行うに当たり、教師による創意工夫の重要性を指摘しています。その1つとして Language B の教育手法を参考とした指導モデルを構築すればよいのではないでしょうか。

検定教科書と Language B で用いられる教材のちがい

高校では、検定教科書を活用することが前提となります。一方、現行の検定教科書が必ずしも文部科学省（2011c）が推進す

第3章　Language B（English）の実際　77

る言語活動の高度化（発表、討論、交渉等）に役立つとは限らないという指摘もあります（赤塚 2017b ; 河野 2016 ; 文部科学省 2011c）。なぜ役に立つとは言い難いのでしょうか。これには色々な考えがありますが、検定教科書は民間の出版社が作成していますので、売れないと意味がありません。売れるためには現場のニーズにある程度合わせる必要も出てくるかもしれません。そうした結果どうなるのでしょうか。高校の授業では、大学受験に必要だからという理由で語彙の並び替えや和文英訳といった文法演習を行ったり、教科書を日本語で解説したりする授業もまだ多いのが現状です。そのような授業スタイルに教科書が寄り添う形になるでしょうから、当然そういった方向性の教科書になる傾向になるのかもしれません。

　IB 認定校で使用される Language B（English）の教材には、ウェブ上の記事や新聞記事といった様々な生の素材が掲載されています。他方、検定教科書にはこうした生の素材はほとんど掲載されていません。大抵は教科書の編集者によって語彙や表現が推敲されており、論説文や物語文、文法演習といったものがほとんどです。しかし見方を変えると、教科書の本文には高校で学ぶべき語彙や表現、言語材料（文法）がきれいに収まっていると言えます。教科書を要所要所で活用することで学習指導要領でカバーすべき内容が全て学べるわけです。ですので、例えば、オーセンティックな素材に入る前に取り扱うトピックと関連したレッスンの本文を読み、関連語彙や表現、文法を身につけるといった使い方ができます。

　前章でも触れましたが、Language B（English）の教材は検定教科書と比較して高次の思考力（分析する、評価する、創造する）（Higher Order Thinking Skills: HOTS）に該当する質問が多く取

り上げられているのが特徴です。そして Language B ではトピックごとに学びを深めていくという特徴があることも紹介しました。こうした特徴を踏まえながら授業を構成するとしたら、例えば以下のようなスタイルが考えられます。

① トピックベースで検定教科書の各レッスンを並び替える

検定教科書の多くは語彙の習得や言語材料（文法事項）等に配慮してレッスンが配列されています。ただし、各レッスンの順番を並び替えてはいけないというルールもありませんし、むしろテーマ別にレッスンを並び替えたほうが語彙習得の上では効果的な場合もあります。例えば Lesson 3 で食事と栄養について、Lesson 8 でヨガの歴史について紹介していたら、'Health' というテーマでひとくくりにして扱うことができます。

② 聞く、読むといった受動型スキル（receptive skills）、話す、書くといった発信型スキル（productive skills）に加えて、双方向型スキル（interactive skills）を意識した学習活動・評価活動を取り入れる

Language B（English）の特徴の 1 つは、即興で相手と対話することにあります。対話内容も単に知識・理解を確認するものだけではありません。意見や考えをまとまった量で論理的に伝えることが求められます。

③ 高次の思考力（HOTS）を育成する学習活動・評価活動を取り入れる

Language B の教育手法を参考とする場合は HOTS を適切に取り入れる必要があります。例えば、問いかけの場面では HOTS

第 3 章　Language B（English）の実際　79

に該当するような発問も取り入れます。例えば、If you worked for the government of Singapore, how would you convey the safety of NEWater to the citizens? は p.27 の表 2-2 のレベル 3 に該当します。英文を読み内容を理解した上で背景知識を活用しながら意見を相手に伝えるからです。他にも、Consider the following statement : We cannot decide what are 'right solutions' and what are 'wrong solutions' for solving a water shortage. State your opinion with specific reasons and examples. といった問いも HOTS に該当します。p.27 の表 2-2 で言うと 6 に当たるでしょう。意見を述べるに当たり、首尾一貫性をもって、意見を支えるために何らかの資料を引用する必要があり、新たな意見を構築することが求められるからです。

④　コア「知識の理論（TOK）」の学習スタイルを取り入れた学習活動・評価活動を行う

　Language B に限らず、全ての DP の教科・科目は TOK のエッセンスを取り入れることが求められています。例えば、Language B で science and technology について学ぶ際、科学技術と倫理の問題は密接に関連していることを学びます。例えば、クローン技術やバイオエネルギー等の使用について取り上げる場合、'How can we know what is right and what is wrong?' といった物事の本質に迫るような問いかけを行い、生徒がペアやグループで議論を行うといった活動が考えられます。

⑤　評価活動の実施にあっては、評価指標（ルーブリック）を用いて学習の到達目標を事前に明示する

　これも Language B に限らず、DP で学ぶ全ての教科・科目に

共通していることです。評価活動を実施する前には必ず評価指標
（ルーブリック）を生徒に公開します。これまでの学校教育では、
評価の付け方は教師のみぞ知る、生徒はプレゼンやライティグを
行った後に初めてどのような観点で評価されていたのかを知る、
といったことが多々ありました。IB認定校ではサンプルライティ
ングやプレゼンのサンプル動画等を見て、自分だったらこの作品
に何点をつけるのかといった演習を行うことで、事前に到達目標
を明確にします。

　以下、上の5つの内容を意識した上で年間の計画例を立ててみ
ました。検定教科書は背景知識（スキーマ）の活性化や語彙理解
の素材として活用することにしています。ただし、文法知識を定
着させるためのドリル的なエクササイズは行いません。Language
B では文法はあくまでもコンテクストの中で取り扱うものとする、
とあるからです。そして検定教科書の英文に触れる場面を授業の
全時間の4割程度、加工されていない素材に触れる場面を6割
程度とし、できるだけ教科書以外の生の素材に触れる機会を多く
することを重視しています。

年間指導計画の例

実施 時期	取り扱う トピック	学習内容	指導 時間	評価活動	取り扱う素材
		（授業オリエンテーション）各学期の中間考査、期末考査の出題内容について説明、評価活動の説明、剽窃等の予防	3	なし	・数研出版. (2016). *POLESATR English Communication II.* （検定教科書）

第 3 章 Language B（English）の実際　81

| 1 学期 | Science and technology | サブトピック：①クローン技術、持続可能なエネルギー クローン技術や新エネルギーの開発等、科学技術の発展が著しい。一方、それらを使う側には倫理観が求められている。科学技術の発展は我々を幸せにしてくれるのだろうか、倫理観をどこまで保つことができるのだろうか。トピックに関連する語彙・表現を学び、まとまった英文で意見・考えを述べる。 | 33 | ・個別口頭試問（写真描写―Individual Oral を参考として）
・中間・期末考査（Paper 1 を参考とした読解問題、Paper 2 を参考としたライティング問題 200words 程度） | ・数研出版.（2016）. POLESATR English Communication II.（検定教科書） Lesson 2　Frozen for Forty Thousand Years（マンモスと科学技術について）、Lesson 4 Tokyo- A Giant Oil Field?（廃油での燃料開発について）、Lesson 8 Using Sunlight for a Brighter Future（地球温暖化と太陽光発電について）
・The Independent, 22 April 2009
・Understanding Animal Research.（2017）. *Human health*. http://www. understandinganima lresearch.org.uk |
| 2 学期 | leisure | サブトピック：①旅行、②芸術鑑賞 | 11 | ・写真描写の後、写真を見て教師と生徒でやりとりを行う
・中間考査（ペーパー試験） | 数研出版.（2016）. *POLESATR English Communication II.*（検定教科書） Lesson 3 The Adventure of Ishikawa Naoki（冒険家のライフストリーについて）、Lesson 5 The Story of Amazing Grace（楽曲が生まれるまでのエピソードについて）
Stepping on Mars by Damien Darby, 2012 |

TOK の教育手法を参考とした指導

取り扱うトピック	内容
Global issues （コアトピック）	本校では 2 学期の評価活動として説得型プレゼンテーションを行う。構成は TOK の学習で行われるプレゼンテーションの手法を参考とする。具体的には、ローカルな場面に存在するグローバルな課題を取り上げ（例えば、群馬県に住むミャンマーのロヒンギャ族等）、課題について本質的な問いを立てる。そして解決方法を具立的な事例を紹介しながら提案する。特に TOK の Ways of knowing（知るための方法）のうち、perception（感覚）を意識し、人によってなぜ課題の捉え方が異なるのか等を探究していく。なお、探究のプロセスでは原則として英語による文献・資料に当たる。様々な文献・資料について批判的・客観的な視点から分析・評価するよう促す。

評価活動の実施時期と考え方

【評価活動の実施時期と考え方】

　本校の定期考査は独自作成のペーパー試験であり、年に 5 回実施する。考査の出題形式は Language B で実施される *Paper 1*（読解能力を測る試験）を参考とし、授業で取り扱った英文について内容理解を測る問題を出題する。加えて、Language B の Paper 2（ライティング能力を測る試験）を参考とし、200 ～ 300 語程度でスタイルを意識しながらライティングを行う。授業中にルーブリックを随時提示し、自己評価を行ったり相互評価を行ったりする活動を取り入れる。

　なお、クラス規模が 1 クラスあたり 40 名前後であり、採点の負担が大きい。また生徒のライティング課題へのフィードバックを確実に行うためにマークシートによる選択式問題を 60% 程度、ライティング課題を 40% としたい。

　また、生徒の話す力や書く力を伸ばす評価活動としてエッセイライティング（1 学期及び 3 学期）、説得型プレゼンテーション（1 学期及び 2 学期）を行う。また双方向型スキル（interactive skills）を伸ばす評価活動として写真を見て、教師とのやりとり（質問と応答）を行い、意見や主張を構築する。なお、全ての評価活動では評価指標（ルーブリック）を事前に提示し、学習の到達目標を生徒に明示する。

以下、指導例を示します。

取り扱うトピック：Science and technology
サブトピック：水資源と技術
素材：検定教科書 POLESTAR English Communication II
（数研出版）Lesson 9 The Most Advanced Water —
"NEWater"（pp. 132-143）

Lesson 9 の概要
この単元では検定教科書を用いて授業を行います。シンガポールの水「NEWater（ニューウォーター」について解説しているレッスンです。ニューウォーター（NEWater）は造語で、高度な浄水技術でリサイクルされた水のことです。シンガポールでは真水の確保が難しい状況にあり、隣国のマレーシアからの輸入に頼っています。そうした事情から 2003 年に NEWater が誕生しました。教科書では水資源不足の問題は途上国の問題だけではなく、先進国にも存在している例としてシンガポールを紹介しています。またレッスンの最後では、水資源の取り合いのために中東では 1970 年代から紛争等が発生していることについても触れています。日本の水資源が 2010 年あたりから海外から高い注目を浴び、森林を購入する海外企業があるという例も挙げています。そして、日本の科学技術がこうした水資源に関する課題解決に役立つのではないかと言っています。

① Pre-reading（50 分扱い）

教師の問いかけ	生徒の学習活動
Lesson 9 introduces advanced technology in Singapore on how to recycle water. Before reading Lesson 9, here are three questions. 1. Why is water shortage happening in some parts of the world? 2. Do you believe science technology can solve global issues? 3. If you were a scientist, what would you do to solve the water shortage issue?	1 〜 3 の問いについて、個人で 5 分程度で考える。
Share your ideas with members of your group. Are your ideas different or similar to your groupmates? If different, why are they different?	3 人〜 4 人程度のグループを組み、お互いの考えを共有する。その際、意見がなぜ異なるのかも話し合う。
What do you see when you look at the logo? Write down the first thing that comes to mind. United Nations. (2015). *UN Water*. Retrieved from http://www.un.org/waterforlifedecade/	ロゴを見て、思い浮かんだことをノートに簡条書きでまとめる。その後、このロゴはどのような意味なのかをグループで解釈を加える。
Create your own orignial logo!	10 分程度の時間を設け、グループでオリジナルのロゴを作成する。その後、グループごとにロゴの説明を行う。

② While-reading（50 分扱い）

教科書本文を読みながら、以下の問いに答えます。

Question 1

Below is a list of words take from the text lesson 9. Match these words with their synonyms in the box

a. associate

b. occur

c. access

d. remove

reach, take away, relate, take place

第 3 章　Language B（English）の実際　85

Question 2

Answer the following questions.

a. What is the main point of the text? What would the authors like to tell the audience?

b. Why do some enterprises in foreign countries focus on Japanese water?

Question 3

Go to the following website below and by using information from the text, write a paragraph to explain how NEWater is produced.

Singapore's National Water Agency.（2017）NEWater. Retrieved from https://www.pub.gov.sg/PublishingImages/NEWaterDemographics.jpg

Question 4

Decide whether each of the following statements is true or false and justify your answers with a relevant quotation from the text.

a.97% of the world's water is fresh water.

Justification _____

b. The shortage of clean water is also a problem for Malaysia

Justification _____

Question 5

The author introduces the idea that water shortage is going to become a serious issue in some parts of the world. However, the definition of 'serious' is vague. What is the definition of serious? Write your opinion in more than 80 words with specific examples.

③ Post-reading

前節のルーブリックを確認した後、以下の課題に取り組みます。

Many researchers claim that science technology can solve a variety of global issues such as poverty and water shortage. Do you believe science technology can be effective for solving these issues? If you were a politician, what would you do? Write a manifesto to convince a target audience.（write in more than 100 words）.

---

4. Language B の教育手法を参考とした英語授業の効果

英語は楽しい、英語学習は役に立つといった気持ちから沸き起こる動機、いわゆる「内発的動機づけ」があると英語が上達すると言われています。一方、テストで得点を取らなければいけない、人から言われたからやらなければならないといった外的な要因、いわゆる「外発的動機づけ」では内発的動機づけほど英語力は上達しないとも言われています。では、Language B（English）の教育手法は学習者の内発的動機づけを高めるのでしょうか？　そして英語力の向上に本当に効果があるのでしょうか？

実は IB の教育手法の有効性を検証する研究（アウトカム研究）は国内ではほとんど実施されていません。御手洗（2017）によると国内で公開されている研究は 2017 年 12 月現在でわずか 6件にとどまっています。また、Language B（English）の教育効果に関する研究も国内ではこれまで実施されていませんでした。当然、一般校における Language B の教育手法の一部を参考とした英語授業の実践とその効果の検証もありませんでした。こうした背景から、筆者は早稲田大学特定課題研究（2016 年）「国際バカロレア（IB）の探究型概念学習と英語表現能力伸長との関

連性」（研究代表者　赤塚祐哉）の一環として国内の高等学校で Language B（English）の教育手法の一部を参考にした授業の実践について、その教育効果を明らかにしようと試みました。

　対象はほぼ全員が大学進学を目指す高校2年生の生徒で、学力も学習意欲も比較的高い生徒達が集まっている学校です。一方、生徒たちの英語力は様々で、英語検定試験のTOEIC®でいうと300点台前半の生徒から900点台後半の生徒がいるような集団が1つの教室で学んでいます。

　この研究の参加者は全員が日本人（母語も日本語）です。そして授業の実践は9か月間程度行われました。対象人数は1クラスあたり42、43名規模で2クラスで実施しました。2クラスではLanguage Bの教育手法の一部を参考にした授業、そして別の2クラスでは従来型の英語教育（教科書の内容理解を重視した授業で、授業での使用言語は英語。必要に応じて日本語も使用）を実施しました。

①　学ぶ意欲は高まるのか

　IBプログラムでは、life-long learner（生涯学習者）を育てることが大事とされ、長い人生の中で、学校（幼稚園あるいは小学校から大学まで）に在籍している間だけではなく、学校を卒業した後も学び続ける人間を育成することを大切にしています。例えば人生80年間生きるとして、幼稚園から大学学部卒までで学ぶ期間はおよそ20年です。残りの60年のほうが圧倒的に長いのですから、常に学び続ける（＝成長し続ける）人でいることがその人の人生を豊かにします。生涯学習者の育成には外部的な要因（テストで点数を取らなければならない等）ではなく、あくまでも心の内側のモチベーションである内発的動機づけ（楽しいか

らやる等）を高めることが重要です。IB プログラムを履修して
いる IB 認定校の生徒にインタビューをすると、大抵は学習はか
なりハードだけどとても楽しい、かなり深いところまで学んでい
くのでとてもためになる、という答えが返ってきます。果たして
Language B（English）の教育手法は本当に効果があるのでしょ
うか。そして一般の高校で Language B の教育手法の一部を参考
にした授業を行った場合、学習者の内発的動機づけは高まるので
しょうか。

　効果測定のために Choi（2008）が作成した内発的動機づけ尺
度（Intrinsic Motivation Inventory: IMI）（表 3-4）を使用してア
ンケートを実施しました。アンケートで用いた質問は全部で 21
題です。それぞれ 7 段階による自己評価で回答してもらいました。
アンケートはそれぞれ「興味／楽しみ」（interest/enjoyment）、「選
択観」（perceived choice）、「価値／有用性」（value/usefulness）の
3 つを測ることを目的にしています。なお、表のアンケート中に
「R」のついた質問項目がありますが、これは逆転項目といって
点数を逆転させて算出することを表しています。アンケートは最
終回の授業（計 47 回）で実施しました。

　　※ここに掲載している内容は、赤塚祐哉（2017b）「国際バカロレアの外国語
　　　科目の教育手法とその効果：英語運用能力の向上と内発的動機づけに焦点
　　　をあてて」『グローバル人材育成教育研究』4-1,2 合併号 :pp.1-9 及び赤塚
　　　祐哉（2017c）「国際バカロレア・ディプロマプログラム『言語 B』の教育
　　　手法を参考にした授業を受けた学習者の意識（一般の高等学校でのモデル
　　　構築に向けて）」『国際バカロレア教育研究』で発表した論文の一部です。

第 3 章　Language B（English）の実際　89

表 3-4　内発的動機づけ尺度（Choi, J. 2008 より引用）

「興味 / 楽しみ」 *interest/enjoyment*
I enjoyed doing the activities very much.
The activities do not hold my attention at all.（R）
I thought the activities were quite enjoyable.
I was thinking about how much I enjoyed it.
I think these are boring activities.（R）
The activities were fun to do.
I would describe the activities as very interesting.
「選択観」 *perceived choice*
I felt like it was not my own choice to do these tasks.（R）
I feel like I had to do these.
I really did not have a choice to do these activities.（R）
I did the activities because I had to.（R）
I believe I had some choice about doing the activities.
I did the activities because I had no choice.（R）
I did the activities because I wanted to.
「価値有用性」 *value/usefulness*
I think these are important activities.
I think this is important to do.
I believe the activities could be of some value to me.
I would be willing to do these again.
I think that doing these activities are useful.
I think doing these activities could help me.
I believe doing this activity could be beneficial to me.

表 3-5　アンケートの実施結果

項目		平均	標準偏差	信頼性係数（α）
interest / enjoyment （興味／楽しさ）	Language B の手法	4.37	1.52	0.87
	従来型の英語授業	3.53	1.54	0.85
差		0.84	0.02	
perceived choice （選択観）	Language B の手法	4.55	1.60	0.86
	従来型の英語授業	3.01	1.58	0.89
差		1.54	0.02	
value / usefulness （価値／有用性）	従来型の英語授業	5.14	1.53	0.97
	従来型の英語授業	4.41	1.54	0.96
差		0.73	0.01	

　アンケートの回答時間を 10 分間として、生徒には最後まで漏れなく答えるように指示をしました。

　表 3-5 は、Language B の教育手法の一部を参考にした授業を受けた生徒（「A 群」とする）と従来型の授業を受けた生徒（「B 群」とする）の平均と標準偏差（データのばらつきの大きさを表わす指標で、データの散らばりが大きいと標準偏差は大きくなり、散らばりが小さいと標準偏差は 0 に近づく）を表しています。信頼性係数（クロンバックのアルファ：それぞれの質問項目が各項目と整合しているかどうかで、1 に近づくほど内的整合性が高いと判断される）は全ての項目で 0.8 以上でしたので、このアンケートの信頼性は十分であると判断しました。A 群と B 群の差を見るため t 検定（仮説に対して、それが正しいのか否かを統計学的に検証すること）を実施したところ、全ての項目で「差がある」

第3章　Language B（English）の実際　91

と判断される結果が得られました。

　具体的にアンケートを見ていくと、「興味／楽しさ」の項目で
A群の方が0.84高く、授業内の学習活動を肯定的に捉えている
ことが分かります。そして「選択観」の項目は1.54と比較的大
きな差が見られ、A群の方が自ら進んで能動的に学習活動に参加
していることが分かりました。「価値／有用性」の項目でも、A
群の方が数字が高く出ており、授業内の学習活動が役に立つと実
感していることが分かりました。このことから、Language Bの
教育手法の一部を参考した授業を一般の高校で行った場合には、
学習者の内発的動機づけを高める可能性があることが分かりまし
た。

　ただし、今回の研究では研究前に事前のアンケートを実施しな
かったので、Language Bの教育手法だけが内発的動機づけによ
い影響を与えたのかどうか、その他の条件を完全に排除すること
はできません。

②　英語力を高める効果はあるのか

　「英語力」と一言で言っても聞く、読む、話す、書く等様々あ
ります。今回の研究ではライティングの力がどの程度高まるのか
に絞って、ライティング中に使われている語の質と数の変化を
測定しました。具体的にはアカデミックな場面（日常生活では
なく、学術的な場面）で使用される語が、Language Bの教育手
法の一部を参考にした授業を受けることによって増えるのかど
うかを見ました。方法として、ニュージーランドの言語学者で
あるCoxhead（2000）が開発した「アカデミックワードリスト
（Academic Word List: AWL）」に掲載されている語について、生
徒がリストに入っている語彙をどの程度用いているのか、その変

化を事前と事後で測定しました。

　まず事前の測定を 10 回目の授業の時に行い、事後の測定を 40 回目の授業の時に行いました。測定の時期は A 群も B 群も同時期です。そして、事前と事後に作成したライティング課題について、AWL に含まれる語彙の出現数をそれぞれ算出してみました。ただし、英語力がもともと高い参加者と低い参加者の変化の度合いが異なることが予想されたので、研究開始前に実施した TOIEC ®の中央値により、上位層（英語力が高い参加者）と下位層（英語力が低い参加者）に分けて t 検定を行い分析しました。その結果が右の表です（表 3-6 及び表 3-7）。

　事前の測定では A 群（上位層及び下位層）と B 群（上位層及び下位層）との間には有意差は見られませんでした（p > .05）。しかし事後では有意差が見られました。

　事前と事後での平均を比較すると、A 群の上位層は、AWL に含まれる語彙が事後では事前と比較して +14.93 となり、下位層でも +10.58 と大幅に増えたことが分かります。一方で B 群の上位層で +4.7、下位層では +2.49 でしたので、Language B の教育手法の一部を参考にした授業のほうが結果がよかったことが分かります。A 群は B 群よりも多くの学術的な英語（英語で書かれた論文等）に触れており、それらの英文を参考としながらライティング課題に取り組んだ生徒が多かったことが影響していると考えられます。こうした結果から、Language B の教育手法を参考にした授業により、アカデミックな場面で使用される語がライティングの場面でも出現する傾向があることが分かり、ある程度の効果がありそうだということが分かりました。

第 3 章　Language B（English）の実際　93

表 3-6　AWL 使用状況の比較結果（事前）

		ライティングの実施時期		
		事前		
		平均	標準偏差	p
Language B の手法（n = 22）	上位層	4.23	3.95	.081
従来型の英語授業（n = 18）		4.63	4.71	
Language B の手法（n = 60）	下位層	2.67	3.58	.072
従来型の英語授業（n = 62）		2.72	3.21	

表 3-7　AWL 使用状況の比較結果（事後）

		ライティングの実施時期		
		事後		
		平均	標準偏差	p
Language B の手法（n = 22）	上位層	19.16	4.26	< .000
従来型の英語授業（n = 18）		9.33	4.85	
Language B の手法（n = 60）	下位層	13.25	3.98	< .001
従来型の英語授業（n = 62）		5.21	2.97	

③　英語力が伸びたという実感をもてるのか

　Language B の教育手法の一部を参考にした授業を受けた高校生は、果たして英語力が伸びたという実感をもてているのかどうかを、A 群の生徒を対象としてアンケートで調査しました。まず、①聞く・読む力が伸びたという実感がもてたか、②話す・書く力が伸びたという実感がもてたか、さらに③相手と英語で連続的にやりとりする力、いわゆるインタラクションの力が伸びたという

実感がもてたかを確かめてみました。アンケートは①～③についてそれぞれ5項目、合計15項目を設定しました。それぞれに「そう思う (5)」、「ややそう思う (4)」、「どちらともいえない (3)」、「あまりあてはまらない (2)」、「あてはまらない (1)」という選択肢を設置し、5段階で答えてもらうようにしました。

今回の調査では5段階での回答を依頼していたので、平均値にして3.50を超える数値は実感がもてたと判断しました。分析にあたっては英語力が比較的高い生徒と低い生徒の授業に対する捉え方が異なることが予想されたことから、授業を行う前に実施したTOEIC®の中央値により、上位層（英語力が高い参加者）と下位層（英語力が低い参加者）に分けて分析を行いました。分析の結果は以下の通りです（表3-8）。

表3-8　分析結果

内容	平均	標準偏差	4.00以上の割合
①聞く・読む力が伸びたという実感	3.5	1.0	47%
②話す・書く力が伸びたという実感	3.7	1.1	59%
③インタラクションの力が伸びたという実感	3.4	1.2	46%

① 聞く・読む力が伸びたという実感

アンケートの結果、上位層の生徒の52%、そして下位層の生徒の82%が伸びたと実感していると答えていました。上位層よりも下位層のほうが伸び幅があり、下位層の生徒の方が伸びを実感できたと考えられます。授業で聞く力や読む力を伸ばすため、リスニング力向上のためにEnglishCentral社が提供するオンラインビデオ教材等を視聴したり、検定教科書の他、オーセンティックな素材を大量に読んだりしました。例えば、「聞く力が

第3章　Language B（English）の実際　95

高校受験期もよりも身についた」とか、「難しい単語にとらわれ ずに、とにかく概要をつかんで、たくさん読むことでリーディン グ力がついた」、「考えながら読むクセが身について、いつもこれ は本当なのか、そうなのかと考えるようになった」といった回答も 見られました。多くの素材に触れたことでインプット量が確保で き、聞く力や読む力が身についたと実感していると判断できます。

② 話す・書く力が伸びたという実感

　上位層の生徒の 60% と下位層の生徒の 82% が伸びたと答え ており、①と同様に下位層の生徒の方がより実感できていること が確認できました。話す活動については、答えが 1 つとは限らな いオープンエンドな問いの答えをペアやグループでお互いに発表 しあいました。また、簡単なショートプレゼンテーションを授業 中に随時実施しました。書く活動については、色々な素材を読ん だ後、その素材の形式（ブログや新聞記事、手紙、日記等）を参 考に意見や考えを述べることを繰り返し行いました。こうした学 習活動を通し、話したり書いたりする力が伸びたという実感がも てたのではないかと考えられます。アンケートの自由記述欄にも、 「文法やスペルにとらわれることよりもひたすら書いたり、話し たりして英語力が身についたと思った」、「とにかくたくさん話し たり書いたりしないといけないので、追いつくために必死だった。 そのおかげで力が伸びた気がする」「たくさん書くことで文法を 意識するようになり、文法書にあたりながら相手に伝わる書き方 を意識できるようになった」といった回答も見られました。

　以上が language B（English）の教育手法の一部を参考とした 英語授業についての教育効果です。あくまでも一部の高校での

結果ですので、「効果がある」と断定はできませんが、どのような傾向が見られるかが分かったのは大きなことです。Language B の指導の手引き（Subject guide）にも記載していることですが、まずは学習者がどのようなことに興味をもっているのか、提供する素材や話題が学習者の興味や関心を惹きつけるものなのか、素材のレベルは目の前の学習者に適切かどうかを常に考えながら授業をしていきたいものです。

5. IB 修了生から見た Language B（English）

Language B（English）の授業や、それを教える教師は、IB の授業を受ける生徒の目からはどのように映っているのでしょうか。イギリスの IB 認定校で Language B（English）の授業を受講し、現在は日本国内の大学に在籍している元 IB 生に聞いてみました。

元 IB 生のプロフィール

森田礼奈（もりた れな）

英国アトランティックカレッジ（United World College of the Atlantic）出身。ディプロマプログラム（DP）修了。在学時にグループ 2 で Language B（English）を履修。現在、慶應義塾大学法学部に在籍。

（1）Language B（English）で印象に残っている学習は何でしょうか。

私にとって特に印象に残っている授業は、英語圏の歴史に関するものです。その中でも特に、オーストラリアの人種差別的な政策についての学習は印象的でした。この授業では例えば、映画

「Rabbit-Proof Fence（邦題：裸足の 1500 マイル）」を取り上げました。1930 年代、イギリスがオーストラリアを植民地化しようとした際、Indigenous Australians（オーストラリア先住民）を迫害したり、民族浄化を行ったりすることで、白人コミュニティを構築しようとした歴史を学びました。私が高校生の頃は、オーストラリアはコーカサス系の人々が住む国、というくらいのイメージしかありませんでした。植民地化がどのように行われ、先住民にどのような影響を及ぼしたか、ということは全く知りませんでした。学びを進めるうちに、相当に暗い過去があることを知りました。同時にオーストラリアとイギリスの外交関係について学びました。授業では、イギリスの政治家による、オーストラリアでの過去の民族浄化政策に関するスピーチを見ました。驚いたことに、その政治家は全く謝罪をしないのです。これについて、「なぜ謝罪をしないのか」、「どのような意図があるのか」、といったことをクラスで真剣に議論しました。

　日本の多くの英語授業では、主にアメリカ英語を学ぶため、主としてアメリカの文化等について学ぶことが多く、英語圏全般の文化・歴史について学ぶことは少ないかもしれません。一方、Language B（English）の上級レベル（HL）では、英語圏の文化・歴史を深く学びます。私が通っていた学校はイギリスのインターナショナルスクールでしたが、イギリス以外の英語圏の文化について学ぶ、というのが当たり前の雰囲気でした。それらを学ぶ際、様々な立場の当事者の目線から考えることを求められました。先ほどのオーストラリアの人種差別的な政策についていえば、加害者であるイギリス側と、被害者であるアボリジニ側の立場で考えます。決して、常に視点が自国、あるいはヨーロッパの国々やアメリカ合衆国といった大国に置かれていることはありません。多

面的に歴史的な出来事について英語で考え、知識や解釈の幅を拡げ、クリティカル（批判的）に物事を捉える力が育ったように思います。

（2）Language B（English）の授業では、どのような課題が課されましたか。

日本の学校で課されるような「宿題」はそう多くはありませんでした。基本的に、先生から指定された課題図書を読んだり、指定された新聞記事（時事問題）やニュース番組を視聴したりし、意見をまとめ、授業でそれらを基に議論する、という課題が主でした。私の場合、基本的には自分で必要だと思ったことを自宅で学び、先生の指導を受ける、といったスタイルでした。例えば、自分で選んだテーマでエッセイを書き、先生に添削等をしてもらいました。また、DP の試験（DP examination）に向けた試験対策として、自分で過去問を解くことも積極的に行いました。

（3）Language B（English）に限らず、DP を教える先生にはどのような特徴がありましたか。

私のクラス担任は、オランダ人の先生でした。イングランドの大学で English Language and Literature の学位を取得し、オランダの大学で Education and Communication について学んだと聞きました。現在はウガンダのインターナショナルスクールで英語教師をされているようです。DP の先生は大抵、バイリンガルで英語に堪能でした。そして、複数の国で教育を受けていることが特徴的でした。私の学校の先生達は皆さん、他国の言語、食べ物、文化等が好きで、複数の国に住んだことがある方が多かったです。国際結婚をしている方も多かったです。

第3章　Language B（English）の実際　99

(4) Language B（English）を教える先生にはどのような特徴がありましたか。

Language B（English）の先生は、課題論文（Extended Essay：EE）のチューターとして何人かの生徒を受け持っていました。そして、生徒たちのEEについて相当な時間を割いて指導していました。とりわけ、HLを担当していた先生は、文学作品や英語圏の歴史について深い知識をもっていました。先生がとても明るく、クラスの皆が議論しやすい和やかな雰囲気を作ることが得意なようでした。

(5) Language B（English）での学びは大学でどのように活かされていますか。

英語力はもちろん、文学作品や英語圏の歴史等を学んだことが、基礎知識や教養になっていると感じています。また、論理的にエッセイを書く力が相当に身についたと感じています。論文を書くにあたり、こうした力をとても活かせていると感じています。

(6) Language B（English）での学びは将来どのように活かされると思いますか。

自分の視野が拡がった、という実感がもてたことが学びの成果ですが、物事を多面的、かつクリティカル（批判的）に考えるくせが活かせると思います。IBの学びでは、クリティカル・シンキング（批判的思考力）が大切であるとされています。実際、当たり前の前提を疑って考えたり、固定観念にとらわれなくなったりしたと思います。こうした力は、学問を掘り下げる場面だけではなく、様々な人と関わる上でとても大切だと思っています。

第4章
よくある質問（FAQ）

Q Language B（English）のレベルはどのくらいなのでしょうか。

The National Recognition Information Centre for the United Kingdom（UK NARIC）というイギリスにある団体が 2016 年に Language B（English）のレベルを調査しました。その調査結果によると、以下のように説明されています。

> Language B（English）標準レベル：
>
> 　　　　　　CEFR A1 レベルから B2+ 程度
>
> Language B（English）上級レベル：
>
> 　　　　　　CEFR A2 レベルから C1 程度

CEFR とは欧州評議会（Council of Europe）によって開発された外国語の熟達度を表す参照枠で、Common European Framework of Reference for Languages のことです。A1、A2、B1、B2、C1、C2 の 6 段階に分かれていて、A1 が一番低い熟達度で、C2 が一番高い熟達度を表します（表 4-1）。

第4章　よくある質問（FAQ）　101

表 4-1　CEFR の熟達度

C2	聞いたり読んだりしたり、ほぼ全てのものを容易に理解することができる。いろいろな話し言葉や書き言葉から得た情報をまとめ、根拠も論点も一貫した方法で再構築できる。自然に、流暢かつ正確に自己表現ができる。
C1	いろいろな種類の高度な内容のかなり長い文章を理解して、含意を把握できる。言葉を探しているという印象を与えずに、流暢に、また自然に自己表現ができる。社会生活を営むため、また学問上や職業上の目的で、言葉を柔軟かつ効果的に用いることができる。複雑な話題について明確で、しっかりとした構成の、詳細な文章を作ることができる。
B2	自分の専門分野の技術的な議論も含めて、抽象的な話題でも具体的な話題でも、複雑な文章の主要な内容を理解できる。母語話者とはお互いに緊張しないで普通にやり取りができるくらい流暢かつ自然である。幅広い話題について、明確で詳細な文章を作ることができる。
B1	仕事、学校、娯楽等でふだん出会うような身近な話題について、標準的な話し方であれば、主要な点を理解できる。その言葉が話されている地域にいるときに起こりそうな、たいていの事態に対処することができる。身近な話題や個人的に関心のある話題について、筋の通った簡単な文章を作ることができる。
A2	ごく基本的な個人情報や家族情報、買い物、地元の地理、仕事等、直接的関係がある領域に関しては、文やよく使われる表現が理解できる。簡単で日常的な範囲なら、身近で日常の事柄について、単純で直接的な情報交換に応じることができる。
A1	具体的な欲求を満足させるための、よく使われる日常的表現と基本的な言い回しは理解し、用いることができる。自分や他人を紹介することができ、住んでいるところや、誰と知り合いであるか、持ち物等の個人的情報について、質問をしたり、答えたりすることができる。もし、相手がゆっくり、はっきりと話して、助けが得られるならば、簡単なやり取りをすることができる。

（出典　ブリティッシュ・カウンシル（n.d.）より引用）

　標準レベル（Standard Level: SL）で A1 から B2+ 程度まで、そして上級レベル（Higher Level: HL）で A2 から C1 程度までとしていますが、生徒が DP の試験（DP examination）で 7 段階の成績のうち何をとるのかによって CEFR でのレベルも異なってくるようです。以下が、7 段階の成績と CEFR のレベルを比較した表です（表 4-2 及び表 4-3）。

表 4-2　標準レベルの場合

CEFR のレベル	Language B（English）の成績
C2	該当なし
C1	該当なし
B2+	7
B2	6
	5
B1	4
A2	3
A1	2

（出典 The National Recognition Information Centre for the United Kingdom（2016）を基に筆者
が作成）

表 4-3　上級レベルの場合

CEFR のレベル	Language B（English）の成績
C2	該当なし
C1	7
B2+	6
B2	5
	4
B1	4
	3
A2	2
A1	該当なし

（出典 The National Recognition Information Centre for the United Kingdom（2016）を基に筆者
が作成）

　また、Language B の外部評価 Paper 1（読解力を測る試験）に
は標準レベル（SL）で長文問題が 4 題、上級レベル（HL）では
5 題が出題されます。それぞれの問題文に出現する語彙・表現レ
ベルは CEFR のどのレベルに該当するのか、といった調査も UK

NARIC が行っています。表中の％は CEFR レベルの語彙や表現
が、問題文の中でどの程度の割合で使用されているのかを表して
います（表 4-4 及び表 4-5）。

表 4-4　標準レベルの場合

	問題文 1	問題文 2	問題文 3	問題文 4	平均
A1	47%	49%	53%	50%	49.8%
A2	23%	10%	11%	20%	16%
B1	13%	17%	10%	15%	13.8%
B2	10%	13%	15%	6%	11%
C1	3%	4%	7%	5%	4.8%
C2	4%	7%	4%	4%	4.8%

（出典 The National Recognition Information Centre for the United Kingdom（2016）を基に筆者
が作成）

表 4-5　上級レベルの場合

	問題文 1	問題文 2	問題文 3	問題文 4	問題文 5	平均
A1	45%	47%	50%	50%	68%	52%
A2	21%	15%	13%	18%	9%	15.2%
B1	9%	19%	12%	13%	15%	13.6%
B2	16%	8%	14%	6%	6%	10%
C1	3%	6%	6%	5%	0%	4%
C2	6%	3%	5%	8%	2%	4.8%

（出典 The National Recognition Information Centre for the United Kingdom（2016）を基に筆者
が作成）

　上の表から標準レベル（SL）、上級レベル（HL）共に A1 レ
ベルの語彙・表現が最も多いことが分かります。B2 レベルまで
の語彙・表現が全体の 90% を占めていることも分かります。C1
と C2 に該当する語彙・表現は全体の 10% 未満となっています。

Q IBプログラムにはデメリットはないのですか。

デメリット①　学校がIB認定校として認可・登録されるには費用がかかる。加えて、IB認定校として継続して認定され続けるためにもそれなりの費用がかかる。

　IB認定校として認可・登録する場合には認定費用として日本円でおよそ100万円程度をIB機構に支払う必要があるようです（2015年時点）。また、IB認定校として認可された後もIB認定校は年間経費（annual fee）をIB機構に支払う必要があります。日本円に換算すると毎年120万円程度の金額を支払うようです（2015年時点）。IB機構は、年間経費は毎年値上がりしていく性質のものであって値下がりすることはない、と言っているようですので、それなりの出費がかかります。

　また、IBプログラムで学習する生徒・保護者にもそれなりの負担がかかります。個人的には、経済的に豊かな者だけがIBプログラムを受けられるという構造を作ってはいけないと感じています。とりわけ日本の公教育は保護者に大きな費用負担をかけず、質の高い教育を受けられることを特徴としています。ただし、国内にも経済的な格差によってIBプログラムを受けられないといったことがないように、と問題意識をもっている団体があり、例えば「世界で生きる教育推進支援財団（https://www.sekaideikiru.com/)」を始めとした団体もIB認定校で学ぶ生徒を経済的に支援しています。

デメリット②　日本の大学入試制度がディプロマプログラム修了生の受け入れに十分に対応しているとは言い難い。

　IBプログラムは1つのことをかなり深くまで学んでいくことを特徴としています。一方、国内の一般の高等学校では、学習指

導要領に定められた学習内容をとりこぼしなく網羅的に学んでいくことを特徴とします。特に日本の大学入試センター試験を始めとして、日本の大学入試は全体をまんべんなく網羅的に、まさに1点刻みでマークシート方式を用い受験生を選抜する傾向にあります。IBプログラムで学ぶ内容と国内のこれまでの入試選抜で問われる内容は性質が異なりますから、仮にIBプログラムで学習した生徒が国内の入試に臨むとなると、十分にその能力が活かしきれない可能性もあります。保護者の中にはディプロマプログラムを学習させたいけど、子どもには国内の大学に行ってもらいたいので、普通の高校に通わせる、あるいはそのまま内部進学ができる大学付属校に通わせることもあります。

　一方、国内の大学でもこうした現状を認識し、IBプログラムを履修した生徒向けの入試制度、つまり国際バカロレアを活用した大学入試を実施する大学も近年急速に増えています。

Q私は高校で英語を教えています。Language B（English）の内容を参考にした授業をやってみたいのですが、何から始めればいいでしょうか。

　まず、Language Bの授業はIB認定校でのみ実施できるものです。その原則を踏まえた上で、あくまでもLanguage Bの教育手法の一部を参考とした、つまりそのエッセンスを取り入れた授業を行う場合、ということでお答えします。まずは、どのような発言も受け入れられ、そして尊重される教室の雰囲気づくりから始めるとよいと思います。Cummins（2007）は学習者の言語能力を伸ばす絶対条件として、多様なものの見方を受け入れる教室環境の中で生徒一人ひとりのアイデンティティが肯定され、協働学習等を通して自尊心を高める機会を与えることが不可欠である、

としています。授業を行う上での大前提は、どのような発言をしても受け入れられ、そして自分はクラスメートから認められているのだ、という気持ちをもてるような授業が大事だと考えています。とても当たり前のように思えて、実はこれが Language B の教育手法を参考にした授業を実施する上で最も重要な要素だと感じています。Language B では相手の意見や考えが自分とは異なっていることを認識し、それらを尊重することが求められます。教室が異文化理解を促すための小さな社会的集団となります。自分の発言がクラスメートに受容されていると実感できない生徒がいれば、活発な意見交換ができず、委縮した集団となってしまいます。そうなってしまっては Language B が目指す主体的で対話的で深い学びは実現できません。これは Language B（English）を指導する際も大いに参考になります。オーストラリア・クイーンズランドの公立 IB 認定校を訪問したときも IB 教員が受容的な雰囲気を作ることの大切さを述べていたのが印象的でした。

　もう１つは、項目別の評価指標（ルーブリック）を作成してみることから始めるのもよいことだと思います。Language B（English）のみならず IB プログラム全てに共通していることとして、評価の仕方や得点をつける基準を事前に生徒に伝えることがあります。そうすることで生徒は何をどこまでやれば、目標に到達できるのかといったことを理解でき、学習活動に取り掛かりやすくなります。例えば定期考査に英作文の問題を課すにしても、授業中にプレゼンテーションを行うにしても、事前にルーブリックを示して、それを用いながら授業中に練習をするといったことから始めてもよいかもしれません。

　生徒はルーブリックを読んで学習の到達目標を理解しますので、生徒目線で分かりやすい言葉で作られていなければなりませ

ん。ルーブリックを用いると授業で学ぶ目的も明確になりますから、生徒が目的意識をもって授業に参加するようになります。目的意識をもって取り組むようになると、彼らのやる気（動機づけ）も高まります。

さらに欲を言えば、授業中に生徒へ投げかける質疑を内容理解型のものだけではなく、答えが1つとは限らない、すなわち生徒の思考を深めるものを少しずつ取り入れるとよいのではないでしょうか。私が好きな本に尾崎勝・西君子の『カウンセリングマインド——子どもの可能性を引き出す教師の基本姿勢』（教育出版、1984）があります。その本の中には基本原則・普遍の真理として自分は受容されているのだという実感を子どもがもつこと、そして教師は「予想を立てる、価値判断をする、説明や例証を引き出す、原因、結果の関係を考える、2つの事例を比較する、演繹または帰納的に思考する、結論や批判を引き出す等、発問のねらいが明確であり、思考を刺激するよう工夫されているか」を意識して授業をすることが大事であるとしています。国際バカロレアとかアクティブラーニングという言葉が出てくる以前のものですが、筆者にとってはバイブル的な本であり、常にこの本の内容に立ち返っています。

なお、Language B（English）の大きな特徴は生徒の高次の思考力を育てることにあります。質疑自体がそういったものでなければ当然、高次の思考力は身につきません。高次の思考力を高めるような問いを考えることは実は指導者の腕も試されることになります。教員にとってもよいブラッシュアップになりますし、生徒も質疑に慣れるとどんどん応答できるようになってきますので、授業がますます活発になっていきます。

**Q勉強が苦手で学習意欲が低い生徒が多い高校で教えています。
Language B（English）の内容を参考にした授業はいわゆる
非進学校と呼ばれる学校で行うのは無理でしょうか。**

　IB プログラムを導入して Language B（English）の授業を実施
することと、あくまでも一般の高校で Language B（English）を
参考にした授業を実施することを分けて考える必要があります。
結論から言いますと、いわゆる非進学校で IB プログラムを導入
し、Language B（English）の授業を実施する場合、無理が生じ
るでしょう。IB 機構は IB プログラムを学習意欲がある若者を対
象としたプログラムであると明示していますし、研究することを
主な目的とする大学への進学を目指す生徒向けのプログラムであ
ると位置づけられています。さらに Language B（English）では
多くの量の英文を読んだり書いたりします。これについていくに
はそれなりの力と意欲が必要です。筆者が高校教員になりたての
20 代の頃はいわゆる非進学校（一般的に「教育困難校」と呼ばれ
る高校）にいました。最初の 4 年間は東京の足立区にある公立
高校で、そしてその後の 3 年間は東京の伊豆大島にある夜間定時
制高校でした。多くの生徒は英語を不得手としており、そもそも
毎日学校に来ることもやっとの努力でできている、という生徒も
いました。そのような生徒には英語そのものの楽しさを実感して
もらうことが大切です。例えば生徒たちと一緒にボランティアで
英語版の観光ガイドを作成し、それを自治体の観光案内所に置い
たり、ボランティアで地域住民向けに英会話セミナーを開催した
りといった体験に参加してもらいました。自分たちの取り組みが
地域に感謝され、それを自分たちの自信につなげることで英語の
勉強も悪くないんだな、と思ってくれるような仕掛けをしました。
そのような生徒たちに IB プログラムの Language B（English）を

第4章　よくある質問（FAQ）　109

提供するのはとてもハードルが高いと思いますし、彼らには彼らなりのニーズにあった教育手法が他にもあるように感じています。

　一方で、そのような学校でも Language B（English）の教育手法を参考とした英語授業を展開することができるのではないかと感じています。夜間定時制で勤務していた際に生徒達が一番目を輝かせていた授業は、世界の貧困や教育格差といったグローバルな課題を英語で学んでいる時でした。彼らは知識・理解型の授業では自分たちの力は思った通りに発揮できません。しかし、彼らにも伝えたい思いや感情、考えがあります。そして自分たちが知らない世界を見てみたい、まだ見たことのない世界をのぞいてみたい、といったことに興味津々といった様子の生徒が多いのも事実です。Language B（English）の目的の1つに異文化理解の促進があります。例えば非進学校であっても写真や絵を通して、自分がどう感じたかを短文の英語を書いて、それをペアでお互いに見せ合って、なるほど、初めて知った、と思った箇所にアンダーラインを引いたりすることは非進学校でもできますし、むしろ彼らはそういった授業には意欲的に取り組んでくれます。そうした意味でも Language B（English）のエッセンスの一部を取り入れて実施することは十分に可能であると思います。

Ｑ Language B（English）で使用されている教材を拝見しましたが、掲載されている英文の語彙や表現が難しそうでした。さらに英文の量も多かったのには驚きました。本当に高校生が初見であのような英文が読めるのでしょうか。

　たしかに最初からディプロマプログラム（DP）の Language B（English）の教材に出てくる英文を読みこなしたり、そこに出てくる質問に答えたりすることは難しいかもしれません。し

かし、DP は高校入学後 2 年目から始まりますから、国内の多くの IB 認定校では 1 年目に DP で学ぶ準備をします。Language B（English）を学ぶための準備として、多くのオーセンティックな素材に触れますし、Language B（English）の教材に出てくるような分析をしたり、評価したり、新しいものを創造したりといった高次の思考力（Higher Order Thinking Skills: HOTS）を試す質問にも対応していく力をここで身につけます。ただし、それでも入学時にそれなりの英語力がないとついていくのもやっと、ということになりかねません。それなりの英語力というのは、中学までに英語の基礎・基本ができているレベルです。加えてふだんからオーセンティックな素材（新聞記事や英語で書かれた海外のウェブサイト）に触れている生徒であればわりとすんなり入っていくかもしれません。いずれにしても中学で教科書の内容＋αを学習している生徒であれば Language B（English）でもついていけるように感じます。

　一方、実際に Language B（English）を履修している生徒であっても、やはり教材に出てくる英文はそれなりにボリュームがあり、語彙や表現も難しいと言います。そのような場合、指導者が適宜語彙や表現について易しい英語で解説したり、あるいは学習者が辞書等を用いながら調べたりするとよいと思います。

さいごに

　私が国際バカロレアのプログラムに初めて出会ったのは、2012年にオーストラリアの大学院に派遣されているときでした。国際バカロレアがどういった教育プログラムなのかを知るために、オーストラリア東部のクイーンズランド州にある国際バカロレアのプログラムの実施校を訪れたのです。その時に私はいくつかの授業を見学しました。アジア系の留学生が現地の生徒に交じって資料等を引用しながら論理的に議論していたり、教科・科目の枠を取り払ったかのような深い討論をしていたりする様子を目の前で見たときは、これが学びの本質なのか、学びとは本来こうやって知的好奇心をくすぐるものなのか、ということを実感させられました。

　そして帰国後、筆者は日本の公立高校では初となる国際バカロレアのプログラムを学べるコースの立ち上げに関わることになります。これまでの既存の日本の教育システムや色々なルールがある中に、国際バカロレア機構が定めるいくつものシステムやルールを取り入れていくわけですから、当然様々な苦労や摩擦がありました。ただ、こうした導入のプロセスを通して私は国際バカロレアの学習者像である risk-takers（挑戦する人）や inquirers（探究する人）の大切さを実感することになりました。

　しかしながら、本書ではあえて私が公立学校にいた際に、主に取り組んだ国際バカロレアのプログラムの導入プロセスに関わる部分については、ほとんど触れていません。それは既にこうした情報は世に出ていますし、国際バカロレアの認定校になるプロセスは国際バカロレア機構と各学校のプログラムコーディネーター

が密に連絡を取って行われるものだからです。私はむしろ、これからの日本では国際バカロレアのプログラムの教育内容の本質、そしてその具体的な教育手法についての理解をより深めたり、その教育内容についてもう少しアカデミックな視点で議論していく必要があると感じています。

　本書で紹介してきた国際バカロレアの外国語科目である「Language B（English）」の教育手法を参考にした英語授業を実施すれば、きっと日本の英語教育は大きく変わるだろう、という期待をもっています。しかし、実際に Language B（English）の教育手法をいきなりふだんの英語授業に取り入れたところで、学習者は授業についてはきてくれないことも分かってきました。帰国子女で海外の現地校に通いミドルイヤーズプログラム（Middle Years Programme: MYP）を受けていた学習者は、抵抗なく授業に参加する様子が見られました。それどころか、これまで海外の現地校で授業を受けてきた学習者にとっては、教師主導の一方通行型の授業が多い日本の学校では、IB 型の授業は一種のオアシスのような空間になっていたようです。そういった意味では国際バカロレアのプログラムを参考とした教育手法はある意味セーフティネット（最後の砦）なのだな、と感じました。筆者が夜間定時制高校に勤務していた頃、学校で学びたいのに家庭の事情や経済的な理由で昼間の高校に通えず、昼間に働くことによって賃金を得ることで夜間定時制なら通うことができる生徒がいました。そうした環境と単純に比較はできませんが、セーフティネットという視点で見れば似ているのかもしれません。やはり教育は色々な人のニーズに応えなければいけないのだなと思います。

　また、これまで日本の中学校でコミュニケーションを主体に英語授業を受けてきた生徒は、Language B（English）の教育手法

を参考とした英語授業に一生懸命についてくる様子も見られました。一方で、中学時代にノートの左側に教科書の英文を写し、そして右側に和訳を書き、一生懸命に英文和訳を行ったり、英文の暗記を中心に行ったり、問題集の演習を行ったりするタイプの授業を受けてきた生徒にはハードルが高いようでした。そうした生徒にも対応できるよう、途中から語彙や表現に注釈を加えたり、スモールステップで理解を促したり、高次の思考スキルに該当するような学習活動については徐々に慣れていくように、少しずつ内容を複雑にしていく等の工夫を加えました。そして何よりも分からないことを分からないと言える関係づくりや、いつでも質問できる雰囲気づくりを大切にし、生徒がどこでつまずいているのか、何が難しいと感じているのか、常に目を配るようにしました。第4章の「よくある質問」に Language B（English）の教育手法を参考にした授業を始めるにあたり何から始めればよいのか、という内容を紹介しましたが、まずはやはりどのような発言でも受容され、温かい雰囲気の中で授業が行われることが大事だと思います。

　第2章、第3章でも紹介しましたが、Language B（English）では、学習者はいつも物事を深いところまで考えることを要求され、常に自分の意見や考えを相手に伝えることが求められます。こうしたスタイルは学習者にとっては負担が大きく、初めのうちは慣れずに戸惑うこともあると思います。項目別の評価指標（ルーブック）を提示したところで、その目的も最初はなかなか理解できず、それをどう活用するかも分かりません。これまでの学校教育では採点基準は教師のみぞ知る、つまり採点基準はブラックボックスの中という環境でしたから当然です。グループやペアで話し合いをやっても思うように英語が口から出てこず、挫折に近い気持ち

を味わうこともあると思います。しかし、これまで国内の多くの学校で行ってきた従来の英語授業のままでは、世界で通用する英語レベルには到底到達できるとは思えません。世界標準の英語授業を実施するときには、焦らず、根気よく、そして学習者のポテンシャルを信じて励ましてあげる、そして事実に基づいたフィードバックを行ってあげる等、徐々に主体的で対話的な深い学びに近づけてあげる必要があります。

　第2章ではLanguage B（English）の評価についても紹介しました。ところが、Language B（English）についてよくある誤解で、Language B（English）では語彙や表現の正確さよりも流暢さを大事して、文法等はないがしろにするのでは？という質問があります。これは間違いで、Language B（English）では正確性と流暢さの両方を大切にします。その証拠にディプロマプログラムの試験（DP examinations）の内部評価（Internal Assessment: IA）にはaccuracy（正確さ）とfluency（流暢さ）を評価すると記載されています。ただし、Language B（English）は文法はあくまでもコンテクストの中で理解するもので、それを実際の場面で応用するものという位置づけですから、日本の受験学習のように単語の並び替えや和文英訳、英文和訳といったドリル形式の学習は行いません。そのような学習をしなくても、自分の意見や考えを正確さをもって、さらに流暢さをもって相手に伝えることができる力が身につくのが、世界標準の英語授業であるLanguage B（English）なのです。

　Language B（English）は世界標準のプログラムの中に設置されている科目ですから、DPの試験（DP examinations）についても、どの国や地域であってもレベルや内容は同一です。日本人に配慮した問題は一切ありませんし、試験はどこの国や地域にい

ようとも本書の第2章で紹介したように、同じ規準で評価されます。そしてこれも第2章で紹介したとおり Language B(English) は、学ぶトピックや指導方法もある程度統一されています。かなり多くのオーセンティックな素材を使用しますし、そして色々な文体で文章を作成していきます。同じ時間かけていても読む英文の量も演習量も日本の一般的な高校とは異なります。また、何よりも評価がしっかりしているので、学習の到達目標がとても明確です。

　第4章の後半では Language B（English）の教育手法の一部を参考にした授業を、一般の高等学校で実施する場合について紹介しました。しかし、「分析する」、「評価する」、「新しいものを創造する」といった高次の思考力（Higher Order Thinking Skills: HOTS）を評価するのはとても時間がかかります。IB 認定校では生徒数は 25 名以下が標準ですが、日本の一般の高等学校の標準人数である 40 人で行うには相当な時間と労力が求められます。例えば、授業中にライティング課題を一定の語数で作成するのであれば、それを回収して採点するのではなく、書いている最中にその場で個別または全体にフィードバックをすることもできます。また、ふだんの練習ではクラスメート同士でライティング課題を交換し合い、相互に評価を行う活動を取り入れる等、現状の体制・形式でも色々と創意工夫する場面はあると思います。

　最後に本書の完成にあたり授業観察やインタビュー等に協力してくださった複数の国際バカロレア認定校の先生方、出版の企画を快諾いただきました松柏社の森信久氏に心より感謝申し上げます。

［本書の内容について］

・本書は筆者の経験及び研究の結果を基に作成しています。認定に向けた手続きの詳細等については、国際バカロレア機構の確認を要するものであって、本書に記載の内容はその責任を負わないものとします。
・国際バカロレア機構が提供する各プログラム及びその設置科目は国際バカロレア機構が認定する学校（IB 認定校）のみが実施できるものです。
・筆者が所属する学校法人早稲田大学は IB 認定校ではありません。

［謝辞］

・ブリディッシュ・カウンシル（n.d.）「『ヨーロッパ言語共通参照枠（CEFR）』と『高等教育機関で学ぶための英語力検定試験』」. 参照 https://www.britishcouncil.jp/sites/default/files/pro-ee-lesson-level-cefr-jp.pdf について、本書での使用許諾を頂きましたことを感謝申し上げます。

参考文献

⑴　赤塚祐哉（2017a）「国際バカロレアの教育手法とリーダーシップ教育との関係性——Approaches to learning（ATL）に着目して——」.『国際教育研究所紀要』. 第 22,23 合併号 :pp.73-87.

⑵　赤塚祐哉（2017b）「国際バカロレアの外国語科目の教育手法とその効果（英語運用能力の向上と内発的動機づけに焦点をあてて）」『グローバル人材育成教育研究』第 4 巻（第 1.2 合併号）:pp.1-9.

⑶　赤塚祐哉（2017c）「国際バカロレア・ディプロマプログラム言語 B の教育手法を参考にした授業を受けた学習者の意識（一般の高等学校でのモデル構築に向けて）」『国際バカロレア教育研究』創刊号.pp.30-38

⑷　磯和壮太朗・南学（2015）「短縮版社会的クリティカルシンキング志向性尺度の検討」.『三重大学教育学部研究紀要　教育科学』第 66巻. pp179-189

⑸　尾崎勝., 西君子（1984）「カウンセリング・マインド——子どもの可能性をひき出す教師の基本姿勢」. 東京：教育出版

⑹　河野円（2016）*A Comparison of English Textbooks from the Perspectives of Reading: IB Diploma Programs and Japanese Senior High School. The Asian Conference of Language Learning 2016 Official Conference Proceedings.* 参照 http://papers.iafor.org/papers/acll2016/ACLL2016_29495.pdf（2017 年 12 月 15 日参照）

⑺　国際バカロレア・ディプロマプログラムにおける「TOK」に関する調査研究協力者会議（2012）「国際バカロレア・ディプロマプログラム Theory of Knowledge（TOK）について」. 参照 http://www.mext.go.jp/component/a_menu/education/detail/__icsFiles/afieldfile/2012/09/06/1325261_2.pdf（2017 年 12 月 1 日参照）

⑻　数研出版（n.d.）「POLESTAR. English Communication II」. 東京：数研出版

⑼　福田誠治（2015）「国際バカロレアとこれからの大学入試改革　知を創造するアクティブ・ラーニング」. 東京：亜紀書房

⑽　ブリディッシュ・カウンシル（n.d.）「『ヨーロッパ言語共通参照枠（CEFR）』と『高等教育機関で学ぶための英語力検定試験』」. 参照 https://www.britishcouncil.jp/sites/default/files/pro-ee-lesson-level-cefr-jp.pdf（2017 年 12 月 11 日参照）

⑾　御手洗明佳（2017）「IB 教育推進のための公聴会資料——コンソーシアムにおいて研究部門が貢献できる点」. 2017 年 12 月 22 日公聴会配布資料

⑿　文部科学省（2011a）1-1. グローバル人材育成推進のための初等中等教育の充実等（新規）【施策目標 2-1,13-1】参照 http://www.mext.go.jp/a_menu/hyouka/kekka/1311777.htm（2017 年 12 月 10 日閲覧）

⒀　文部科学省（2011b）「高等学校学習指導要領（ポイント、本文、解説等）」. 参照 http://www.mext.go.jp/component/a_menu/education/micro_detail/__icsFiles/afieldfile/2011/03/30/1304427_002.pdf（2017 年 12 月 11 日参照）

⒁　文部科学省（2011c）「国際共通語としての英語力向上のための 5 つの提言と具体的施策」参照 http://www.mext.go.jp/component/b_menu/shingi/toushin/__icsFiles/afieldfile/2011/07/13/1308401_1.pdf（2017 年 12 月 11 日参照）

⒂　文部科学省（2011d）「3. 国際バカロレアのプログラム」. 参照 http://www.mext.go.jp/a_menu/kokusai/ib/1308000.htm（2017 年 12 月 24 日参照）

⒃　文部科学省（2014a）「育成すべき資質・能力を踏まえた教育目標・内容と評価の在り方に関する検討会——論点整理——平成 26 年 3 月 31 日」. 参照 http://www.mext.go.jp/component/b_menu/shingi/toushin/__icsFiles/afieldfile/2014/07/22/1346335_02.pdf（2017 年 11 月 30 日閲覧）

⒄　文部科学省（2014b）「IB の学習者像」. 参照 http://www.mext.go.jp/a_menu/kokusai/ib/__icsFiles/afieldfile/2015/02/09/1353422_01.pdf（2017 年 12 月 24 日閲覧）

⒅　文部科学省（2015）「学校教育法施行規則の一部を改正する省令及び国際バカロレア・ディプロマプログラム認定校における教育課程の基準の特例の制定について（通知）」27 文科初第 1227 号（平成 27 年 12 月 22 日）

⒆　和田稔（2017）「学習指導要領の『拘束性』と『創意・工夫』を考える。〜現行学習指導要領を対象として〜」公益財団法人 日本英語検定協会 英語教育研究センター特別講演会におけるスライド資料（2017 年 3 月 18 日開催）

⒇　Anderson, L., & Krathwohl, D. A.（2001）*Taxonomy for Learning, Teaching and Assessing: A Revision of Bloom's Taxonomy of Educational Objectives*. New York: Longman.

㉑　Bloom, B.S.（Ed.）（1956）*Taxonomy of Educational Objectives*. New York: David McKay Company Inc.

㉒　Choi, J.（2008）*Intrinsic Motivation Inventory*. Unpublished inventory.

㉓　Coxhead, A.（2000）A New Academic Word List. *TESOL Quarterly, 34*（2）: pp.213-238.

㉔　Crystal, D.（2003）*English as a Global Language*. Cambridge: Cambridge University Press.

㉕　Flavell, J. H.（1976）Metacognitive aspects of problem solving. In L. B. Resnick（Ed.）, *The nature of intelligence*. pp. 231-235. Hillsdale, NJ: Lawrence Erlbaum.

㉖　House, J.（1999）Misunderstanding in intercultural communication: interactions in English as a lingua franca and the myth of mutual intelligibility in C. Gnutzman（ed.）. pp.73-89.

(27) International Baccalaureate (2011) *Language B Subject guide*. Cardiff: International Baccalaureate Organization (UK) Ltd

(28) International Baccalaureate Organization (2015)「『指導の方法』と『学習の方法』」. 参照 https://ibpublishing.ibo.org/dpatln/apps/dpatl/index.html?doc=d_0_dpatl_gui_1502_1_j&part=1&chapter=1（2017 年 12 月 8 日閲覧）

(29) The National Recognition Information Centre for the United Kingdom (2016) *Benchmarking SeleA1:A37cted IB Diploma Programme Language Courses to the Common European Framework of Reference for Languages*. Retrieved from http://www.ibo.org/globalassets/publications/ib-research/dp/ib-dp-cefr-benchmarking-report-en.pdf

●著者プロフィール

赤塚祐哉（あかつか　ゆうや）
東京都葛飾区生まれ。早稲田大学本庄高等学院英語科教諭、早稲田大学情報
教育研究所研究所員。2013年東京都立国際高等学校国際バカロレアコース開
設準備担当、2015年同校で国際バカロレア・ディプロマプログラムコーディ
ネーターを経て、現職。
オーストラリアンカトリック大学大学院で Educational Leadership 修士を取得。
2018年4月より NHK ラジオ高校講座「コミュニケーション英語 II」番組講
師を務める。また、文教大学国際学部非常勤講師、明治大学サービス創新研
究所客員研究員、日本国際バカロレア教育学会理事を務める。
共著に高等学校外国語用検定教科書『All Aboard! English Communication I』（東
京書籍）及び『All Aboard! English Communication II』（東京書籍）がある。

国際バカロレアの英語授業——世界標準の英語教育とその実践

2018年10月25日　初版第一刷発行

著　者　赤塚祐哉
発行者　森 信久
発行所　株式会社 松柏社
　　〒 102-0072　東京都千代田区飯田橋 1・6・1
　　電話　03（3230）4813（代表）
　　ファックス　03（3230）4857
　　E メール　info@shohakusha.com
　　http://www.shohakusha.com

装幀　南幅俊輔
印刷・製本　倉敷印刷株式会社
ISBN978-4-7754-0257-3
Copyright ©2018 Yuya Akatsuka

定価はカバーに表示してあります。
本書を無断で複写・複製することを禁じます。

JPCA
日本出版著作権協会
http://www.e-jpca.com/

本書は日本出版著作権協会（JPCA）が委託管理する著作物です。
複写（コピー）・複製、その他著作物の利用については、事前に JPCA（電
話03-3812-9424、e-mail:info@e-jpca.com）の許諾を得て下さい。なお、
無断でコピー・スキャン・デジタル化等の複製は著作権法上
の例外を除き、著作権法違反となります。